Le Code de la propriété intellectuelle n'autorisant, aux termes de l'article L122-5, 2° et 3° a, d'une part, que les "copies ou reproductions strictement réservées à l'usage privé du copiste et non destinées à une utilisation collective" et d'autre part, que les analyses et les courtes citations dans un but d'exemple et d'illustration, "toute représentation ou reproduction intégrale ou partielle faite sans le consentement de l'auteur ou de ses ayant droit ou ayants cause est illicite" (art. L. 122-4).
Cette représentation ou reproduction, par quelque procédé que ce soit, constituerait donc une contrefaçon, sanctionnée par les articles L.335-2 et suivants du Code de la propriété intellectuelle.

Table des matières

Avant-propos.. 5

Introduction 7

Partie I – Comment fonctionne une copropriété........10

Chapitre I – Reconnaître une copropriété..................11

    1.   Reconnaître une copropriété verticale 11

    2.   Reconnaître une copropriété horizontale 12

    3.   Lotissement ou copropriété horizontale : quelle différence ?...13

    4.   Les servitudes..14

Chapitre II – Propriétaire en copropriété, qu'est-ce que cela signifie réellement ? 16

    1.   Quelle différence entre propriétaire et copropriétaire ?...16

    2.   Qui paie quoi ? Le critère d'utilité....................18

    3.   Être redevable des charges de copropriété........19

    4.   Le rôle du syndic et ses missions :....................22

    5.   Le syndic bénévole, une alternative à moindres frais 24

    6.   La loi du 10 juillet 1965 et le règlement de copropriété..26

    7.   Le règlement intérieur 28

Partie II – Investir en copropriété sans perdre d'argent 30

Chapitre I – Ne perdez pas votre temps : les choses à demander avant la visite 32

    1. À combien s'élève le montant des charges actuelles ? 32

    2. Y a-t-il eu des incidents de paiements dans la copropriété ? 34

    3. S'agit-il d'un syndic bénévole ou professionnel ? 35

    4. Des travaux importants ont-ils été acceptés lors de la dernière assemblée générale ?. 37

    5. Le diagnostic de performance énergétique 38

Chapitre II – Les choses à vérifier pendant la visite .. 39

    1. Parties communes à jouissance privative 39

    2. Plus c'est haut, plus c'est grand, plus c'est cher 42

    3. Les compteurs d'eau et d'électricité 43

    4. Le chauffage commun et l'eau chaude commune 45

    5. Les voisins 46

    6. Le conseil syndical 47

    7. Anticiper les travaux de l'immeuble à moyen et long terme 49

Chapitre III – Dernière étape, les choses à contrôler à la signature de l'acte 51

1. Vérifiez les numéros de lots 51
2. Vérifiez les surfaces et les servitudes 52
3. Le décompte final 52
4. La double minute...............53

PARTIE III – Connaître les règles pour vivre en copropriété 55

Chapitre I – Les assemblées générales ordinaires 55

1. Pourquoi faire une assemblée générale chaque année ?...............56
2. Comment participer en optimisant son temps et son énergie ?...............57
3. Voter intelligemment en assemblée générale 59
4. Travaux et clés de répartition : comment ça marche ? 60
5. Les majorités 62
6. S'opposer à une décision d'assemblée générale portant sur des travaux 66
7. L'évolution de la loi et des décrets 67

Chapitre II – Les problèmes les plus courants en copropriété 67

1. Les charges impayées 68
2. Les dégâts des eaux en copropriété 72
3. Si vous êtes infiltré ou à l'origine d'une infiltration...............73
4. Qui paie les factures d'intervention ? 74

5. Comment l'indemnisation du préjudice est-elle prise en charge ?..76

6. Qu'est-ce que la convention CIDE-COP ?........76

7. Acheter un émetteur en copropriété..................78

8. Les problèmes d'imputations des charges.........79

9. Une obligation de moyen, mais pas de résultat.81

10. Vérifier les comptes de la copropriété...............82

PARTIE IV – Rénover, louer et vendre en copropriété 87

Chapitre I – Faire des travaux en copropriété sans se faire d'ennemi 88

1. Faire des travaux en copropriété........................88

2. Bénéficier des aides pour faire des travaux de rénovation énergétique...89

3. Que dit la loi sur l'heure légale des travaux à l'échelle nationale ?..90

4. Quels sont les horaires autorisés pour les travaux ?..91

5. La réglementation pour les travaux le dimanche 92

6. Comment faire constater une nuisance sonore ..92

7. Que faire en cas de non-respect des horaires de travaux ?..93

8. Le prêt en copropriété pour les travaux décidés en assemblée générale :...95

Chapitre II – Avoir un locataire en copropriété 96

1. Choisir un locataire..96
2. Un locataire qui correspond aux attentes de l'immeuble 96
3. Beau et pas cher, ou moche et robuste ?............97
4. Les bons comptes font les bons locataires, récupérez les charges..98
5. Comment payer ou réclamer les charges sans tension 101
6. Comment faire pour calculer la régule de charges ?...102
7. Gestion locative ou gestion en direct, de propriétaire à locataire...103
8. Assurance loyers impayés 108
9. Comment estimer la valeur pour la revente de votre bien..109

Conclusion 111

ANNEXES 114

Liste des points à vérifier avant et pendant la visite 115

Calculer la rentabilité d'un bien...........................117

Modèle de lettre pour donner congé à votre locataire 119

Modèle de lettre pour mise à l'ordre du jour........122

Avant-propos

À vingt ans, après trois années de méandres universitaires avec mon seul baccalauréat en poche, je décidai d'entreprendre une carrière dans l'immobilier. J'ai eu la chance de trouver un poste dans une petite agence de quartier. Le patron de cette agence a dû voir en moi quelque chose d'imperceptible à ce moment-là. Notre collaboration dura six ans. J'ai acquis beaucoup d'expérience et de compétences. Il m'a appris tous les rouages de l'immobilier et du commerce. Mais ses connaissances avaient un prix : il était dur et intransigeant, au point qu'il surveillait à la virgule près ce que j'écrivais.

Il avait aussi la fâcheuse habitude de réaliser des visites surprise pendant mes rendez-vous. Malheureusement, ce fut au moment où je prenais le plus de plaisir à travailler avec lui qu'il prit la décision de partir à la retraite. J'aurais voulu racheter son affaire, mais je n'avais pas assez de capital pour le faire à ce moment-là. Pendant ces six années, j'ai pris des cours du soir pour obtenir un bac +2 en immobilier afin de pouvoir être légitimement détenteur des habilitations et être patron à mon tour. Mes relations se dégradant de jour en jour avec le nouveau repreneur de l'agence, je décidai de démissionner afin de continuer un peu mes études et m'ouvrir à d'autres perspectives dans l'immobilier.

L'immobilier transactionnel et locatif me plaisait beaucoup, mais j'avais besoin de nouveauté. J'ai donc décidé d'entreprendre des études complémentaires, en parallèle de ma nouvelle fonction de gestionnaire syndic. Je voulais découvrir une nouvelle facette de l'immobilier. J'étais subjugué devant ces hommes et ces femmes, capables de tenir une assemblée générale d'une main de fer, devant plus de cents personnes. Je rêvais de pouvoir passer dans une rue et me dire que j'étais à l'origine d'une réfection de façade ou de la rénovation complète d'une toiture. Jongler entre la fonction de juriste, de technicien du bâti et accessoirement comptable, je voulais être un sapiteur. Voilà maintenant plusieurs années que j'occupe le poste de gestionnaire.

Aujourd'hui, j'ai acquis beaucoup d'expertise grâce à mes années, passées dans l'immobilier. Écrire ce livre me permet de coucher sur le papier tout ce que j'ai appris et de vous en faire profiter un maximum. À sa lecture, vous vous rendrez compte qu'il m'arrive parfois d'avoir des positions très marquées sur certains sujets. Ces positions n'engagent que moi, car elles sont le fruit de mon expérience. Je vous invite vraiment à vous faire votre propre avis. Pour finir, je vous souhaite une très bonne lecture et beaucoup de bonheur, comme j'ai pu en avoir à la rédaction de cet ouvrage.

Introduction

La France compte actuellement 37,2 millions de logements ; chaque année, elle construit 300 000 nouvelles habitations pour répondre à la demande croissante de logements. Dans cette immense fourmilière, 44 % sont des biens en copropriété. Les terrains constructibles devenant de plus en plus rares et chers, les promoteurs préfèrent bâtir des immeubles pour répondre à la demande des personnes qui désirent se rapprocher des centres-villes. Quasiment la moitié des Français vivent dans des appartements et la conjoncture actuelle laisse entrevoir une augmentation exponentielle de ce chiffre, qui continuera d'évoluer avec le temps.

Il y a trois hypothèses pour lesquelles vous pourriez lire ce livre.

La première serait le fait que vous avez le projet d'acheter votre résidence principale en copropriété et que vous avez besoin d'aide et d'informations pour vous guider dans ce premier achat.

La deuxième éventualité serait votre volonté d'acquérir des connaissances en copropriété dans le but précis d'investir.

La dernière supposition pourrait être une mauvaise expérience en copropriété qui vous pousse à renforcer vos connaissances afin d'éviter de nouveaux problèmes. Vous souhaitez donc apprendre en détail comment fonctionne la copropriété pour comprendre le système de cette drôle de vie en cohabitation avec ses règles, parfois déconcertantes.

Ce livre va à l'essentiel pour vous aider à acheter, vivre et vendre correctement en copropriété. Cet ouvrage sera votre guide pour vous faire économiser de l'argent, du temps et résoudre les problèmes fréquents que vous pourriez rencontrer. Rassurez-vous, il n'est pas ennuyeux, il n'est pas fait pour vous donner des explications profondes sur des choses inutiles. Cet ouvrage est organisé en quatre grandes parties. Il est pensé pour que vous puissiez retrouver rapidement une information quand vous le souhaitez. Ce petit livre n'est pas de la grande littérature et le vocabulaire employé est volontairement simple. Vous pourrez le lire une première fois en quelques heures. Le but est de répondre à toutes vos questions liées à la copropriété. Après l'avoir lu, vous serez en mesure de comprendre :

- ❖ Comment fonctionne une copropriété : comprendre le fonctionnement des copropriétés, définir les droits et les devoirs d'un copropriétaire.
- ❖ Investir en copropriété : décomposer le processus d'achat dans son intégralité, pour entrevoir les pièges et les astuces.
- ❖ Vivre en copropriété : charges, obligations des copropriétaires, syndic, assemblées générales, conseil syndical.

❖ Rénover, louer et vendre en copropriété : avoir des locataires, solutionner les problèmes fréquents, comme les impayés, les panne d'eau chaude, les problèmes de voisinage.

Après la lecture de ce livre, lors de vos prochaines visites, vous saurez immédiatement le bien que vous convoitez est une opportunité ou un problème en devenir. Si vous suivez les conseils de ce guide, vous saurez comment vous dépatouiller d'une situation difficile. Vous saurez également comment gérer des travaux de copropriétés et utiliser tous les leviers à votre disposition pour vivre mieux et plus serein.

Partie I – Comment fonctionne une copropriété

La plupart du temps, on visualise les copropriétés uniquement sous forme d'immeubles. Cependant, il existe une multitude de formes, dont certaines sont facilement identifiables et d'autres, bien plus discrètes. À titre d'exemple, un immeuble peut comporter 40 appartements sur cinq étages, mais il peut aussi bien contenir deux logements sur un seul niveau. Une maison de village coupée en deux appartements devient une copropriété à partir du moment où elle comporte deux habitations, qu'elles soient grandes ou minuscules. Vous avez sûrement déjà vu des toutes petites maisons divisées en trois studios de 15 m², avec une seule fenêtre à chaque étage. Toutes les formes évoquées ci-dessus sont des copropriétés.

Dans de rares cas, des gens découvrent amèrement la copropriété après avoir signé l'acte authentique et s'étonnent d'être redevable des charges. Il serait préjudiciable et dommageable de découvrir trop tard que vous achetez en copropriété, alors que vous pensiez acheter une monopropriété. C'est la raison d'être de ce premier chapitre : vous expliquer comment reconnaître la copropriété sous toutes ses formes et les grands principes de leurs fonctionnements.

Chapitre I – Reconnaître une copropriété

1. Reconnaître une copropriété verticale

Le premier type de copropriété que l'on connaît tous, c'est l'empilement de logements sous forme d'immeuble. C'est ce qu'on appelle la copropriété verticale. Une nouvelle fois, il est bon d'apporter une attention toute particulière sur les bâtiments composés de deux ou trois appartements seulement. C'est souvent le cas dans les centres-villes de France, où des petites maisons sont découpées en plusieurs logements et forment ainsi des copropriétés. Peu importe le nombre d'appartements, partez du principe que s'il ne s'agit pas d'une monopropriété, vous êtes en copropriété. Cette règle s'applique également aux parkings et aux garages, ainsi qu'aux terrains à bâtir.

Dans une copropriété verticale, vous partagez la porte d'entrée, la cage d'escalier, les planchers des niveaux, l'ascenseur et surtout, le toit et les façades. Tous les travaux d'entretien sont donc à la charge de tous les copropriétaires. Vous êtes donc solidaire des travaux d'infiltration par toiture, même si le dégât est chez votre voisin. Vous partagez le même toit et les mêmes murs. Vous partagez également le même réseau de canalisations montantes et descendantes. Imaginons que les clients du restaurant situé en bas de l'immeuble bouchent le réseau d'eaux usées avec des lingettes.

Vous paierez le débouchage si le règlement de copropriété ne prévoit pas une clé de répartition pour les commerces à cet effet. Nous étudierons plus en détail dans une autre partie le principe des clés de répartition.

2. Reconnaître une copropriété horizontale

Une copropriété horizontale est souvent constituée d'un ensemble de maisons, liées par le toit ou par des murs mitoyens. Il arrive souvent que ces maisonnettes soient disposées en îlots, voire complètement indépendantes les unes des autres. Vous pourriez rencontrer un ensemble de petites maisons qui partagent un seul portail d'accès, par exemple, ou des chemins communs, une piscine ou un parking, le tout organisé en copropriété[1].

Bien qu'à première vue, cela ne ressemble pas à une copropriété, elles n'en sont pas moins identifiées comme telles. Les copropriétaires se partagent donc les dépenses pour les parties communes (piscine, portail d'entrée, espaces verts). Les dépenses liées à la réparation du toit de votre voisin, qu'il soit mitoyen ou

---

[1] ***Informations complémentaires :*** *il arrive parfois que vous soyez intéressé par un bien situé dans une ASL (association syndicale libre). L'ASL reprend les mêmes principes que la copropriété classique, mais elle n'est pas soumise à la loi de 1965. Comprenez par là qu'elle est plus simple dans sa gestion, mais n'en reste pas moins une "co-propriété" avec des charges.*

non avec votre maison, sont souvent supportées par l'ensemble de la copropriété ou répartis en îlots.

3. Lotissement ou copropriété horizontale : quelle différence ?

La différence majeure à retenir est la suivante : en copropriété horizontale, le sol ne vous appartient pas ; il s'agit d'une parcelle commune à tous les copropriétaires. À l'inverse, dans un lotissement, vous êtes propriétaire de la parcelle sur laquelle sont les fondations de votre maison. Cela veut dire que vous pouvez décider de planter des arbres, alors qu'en copropriété, vous ne pouvez pas toujours le faire sans accord préalable.

En apparence, le lotissement est très similaire à la copropriété horizontale. Le lotissement existe dès lors que deux parcelles sont contiguës et si elles sont destinées à la construction. Le lotissement est le résultat d'un aménagement de plusieurs parcelles visant à être bâties en un seul projet. À partir de deux lots, des réglementations spécifiques s'appliquent, mais le lotissement n'est pas une copropriété. Il se peut toutefois qu'un cahier des charges existe et impose des obligations de couleurs ou de matériaux. Les colotis doivent respecter le cahier des charges pendant les dix années qui suivent la date de délivrance du permis d'aménager. Cependant, les colotis n'ont pas de charges à payer, contrairement aux copropriétés.

En conclusion, la copropriété horizontale a longtemps été utilisée dans les petites villes pour pouvoir construire sur des zones restreignant le taux de construction à l'aide d'un permis valant pour division. Cette solution est encore utilisée pour contourner les PLU dans certaines agglomérations. La plupart du temps, la seule différence entre un lotissement et une copropriété se situe à l'entrée. Un portail donnant accès aux habitations ou une piscine commune indique qu'il s'agit obligatoirement d'une copropriété.

4. Les servitudes

Une servitude est un droit réel qui confère à une personne (appelée le propriétaire du fond dominant) le droit d'utilisation ou de passage sur un morceau délimité de la propriété d'une autre personne (appelée le propriétaire du fond servant) à des fins déterminées. Il existe différents types de servitudes, mais les plus courantes sont :
- les servitudes de passage ;
- les servitudes d'écoulement ;
- les servitudes électriques ;
- les servitudes de conservation.

Les servitudes de passage permettent à une personne de traverser la propriété d'une autre pour accéder à une autre propriété.

Les servitudes d'écoulement permettent à l'eau de s'écouler sur une propriété pour éviter l'inondation d'une autre propriété.

Les servitudes électriques permettent l'installation de lignes électriques sur une propriété pour fournir de l'électricité à une autre propriété.

Les servitudes de conservation, quant à elles, permettent aux propriétaires de propriétés adjacentes de maintenir des structures telles que des murs de soutènement ou des barrières, qui protègent leurs propriétés respectives.

Il est important de noter que les servitudes sont créées par des actes juridiques, tels que des contrats ou des décrets, et qu'elles sont généralement attachées à une propriété plutôt qu'à une personne. Cela signifie qu'elles peuvent être transférées à des propriétaires successifs lorsque la propriété est vendue.

Attention toutefois aux servitudes de passages et/ou aux servitudes d'utilisation des réseaux. La servitude est imposée au propriétaire d'un bien (le fonds servant) au profit du propriétaire d'un autre bien (le fonds dominant). C'est un droit qui ne peut être révoqué s'il contribue à l'accès du terrain ou de la maison. Cette servitude, si elle nécessite un entretien, incombe aux propriétaires qui l'utilisent. Par exemple : si les deux voisins du fonds utilisent une servitude de réseaux d'évacuations des eaux usées et que cette dernière casse dans le jardin du propriétaire grevé d'une servitude, c'est à ceux qui utilisent le réseau de payer pour les réparations.

Chapitre II – Propriétaire en copropriété, qu'est-ce que cela signifie réellement ?

1. Quelle différence entre propriétaire et copropriétaire ?

Lorsque vous achetez en copropriété, vous devenez propriétaire d'un petit morceau de l'immeuble en plus de votre appartement. Chaque copropriétaire dispose donc de parties privatives et d'une quote-part des parties communes, appelées "tantièmes de copropriété". Ce petit morceau de copropriété est évidemment fictif. Il ne s'agit pas d'un mur ou d'un pilier de l'immeuble en particulier. Pour aller plus loin dans la réflexion, sachez que les murs porteurs et les planchers de votre appartement ne vous appartiennent pas vraiment, puisqu'ils sont d'abord des parties communes, partagées entre le copropriétaire du haut et le copropriétaire du bas, dans le cas d'une copropriété verticale.

Vous avez le droit de faire tous les petits travaux que vous voulez chez vous. Vous pouvez casser une cloison en placoplâtre ou en briques dans votre appartement sans l'accord du syndicat des copropriétaires, à condition qu'elle ne soit pas porteuse. Tous les petits travaux courants ne nécessitent pas d'autorisation préalable. En revanche, vous n'avez pas le droit de percer ou de creuser la dalle pour installer une douche à l'italienne sans l'accord de l'assemblée générale, car vous modifiez une partie commune. Dans cet exemple, vous aurez besoin d'une autorisation officielle. Nous aurions pu prendre comme autre exemple la destruction d'un petit mur de séparation entre deux villas. Cette destruction nécessite une autorisation de la part de l'assemblée générale, car il s'agit d'une partie commune. Les assemblées générales sont évoquées dans un autre chapitre, plus loin dans ce livre.

Information → pour réaliser vos gros travaux, vous avez deux solutions pour obtenir l'autorisation nécessaire :

Première solution : attendre patiemment la date de la prochaine assemblée générale annuelle et envoyer votre demande par courrier recommandé au syndic avant l'AG. Vous penserez à bien rappeler votre demande au syndic quarante jours avant la date présumée de l'assemblée générale pour être sûr qu'il n'a pas oublié de la mettre à l'ordre du jour.

Deuxième solution : convoquer une assemblée générale extraordinaire à vos frais, avec l'aide du syndic de copropriété. Gardez bien à l'esprit que lorsque vous convoquez une AGE, toutes les dépenses sont à votre charge. Les 200 courriers recommandés pour la convocation ainsi que les 200 courriers pour les procès-verbaux seront à votre charge, en plus des frais de tenue de l'AGE par le syndic et, accessoirement, la location de la salle. Le coût total d'une AGE varie en fonction du nombre de copropriétaires et du forfait qu'appliquera le syndic à la tenue de l'AGE. Pour vous donner une idée, comptez 500 € *a minima* pour vingt personnes.

> **Une autre alternative existe :** vous pouvez demander l'accord préalable du conseil syndical pour faire vos travaux sans attendre l'assemblée générale (avec un écrit de leur part). Vos travaux devront quand même être ratifiés lors de l'AG annuelle. C'est la meilleure alternative possible pour éviter d'attendre presque un an entre deux assemblées générales ordinaires. Il faut toutefois souligner que, en général, cette pratique n'est pas très appréciée par les autres copropriétaires, surtout dans le cas de travaux de confort.

2. Qui paie quoi ? Le critère d'utilité

En copropriété, s'il n'y avait qu'une seule règle à retenir pour savoir ce que vous allez payer, c'est celle-ci : "Le critère d'utilité", qui indique de manière générale les charges que vous aurez à payer. Si vous devez emprunter un passage pour rejoindre votre maison, vous paierez des charges pour ce passage. Si vous devez vous servir d'une source de lumière pour aller jusqu'à votre garage, vous paierez les charges liées à l'électricité et à l'entretien. Si vous devez vous servir d'une porte de cave pour accéder au local à vélo pour prendre votre bicyclette, vous paierez des charges pour l'entretien de cette porte. Vous serez redevable des charges d'un équipement ou d'une structure dès le moment où il vous est possible de l'utiliser. À titre d'exemple, dans certaines grandes copropriétés, tous les copropriétaires paient les charges du portail d'accès du bâtiment A, même si les copropriétaires ne l'utilisent pas et sortent toujours par le portail du bâtiment B. Cette dépense est partagée, car la copropriété considère que les copropriétaires du bâtiment B pourraient aussi sortir ou entrer par le portail A.

> **Information** : le règlement de copropriété définit la répartition exacte des charges de copropriété. Si vous avez un doute, consultez toujours le règlement de copropriété. Vous saurez ainsi si les dépenses liées aux garde-corps de l'escalier "A" doivent être partagées avec l'escalier "B". Les erreurs d'attribution des factures sont très fréquentes en fin d'exercice. Si vous faites remonter les erreurs d'attribution, les autres copropriétaires de votre bâtiment vous remercieront car ils économiseront de l'argent grâce à vous.

3. Être redevable des charges de copropriété

Afin de payer l'électricité de la cage d'escalier, l'eau pour l'arrosage du jardin et l'assurance de l'immeuble, il faut un capital financier alimenté de manière continue. C'est le principe des charges ; les copropriétaires se cotisent afin de pouvoir payer toutes les factures de l'immeuble. Les charges sont appelées par trimestre, par semestre ou parfois par mois. Vous comprendrez aisément qu'un copropriétaire qui ne paie pas pourrait vite mettre en péril la santé financière de l'immeuble.

Lorsque vous aurez un projet d'achat immobilier, pour estimer le montant des charges annuelles à payer, il vous faudra prendre connaissance de quelques documents importants. Idéalement, commencez si possible par le RGDD nominatif, qui reprend le détail des dépenses par clés, pour le compte du copropriétaire et au prorata de ses tantièmes. Derrière cet acronyme un peu barbare se cache le relevé général des dépenses nominatif. Chaque copropriétaire reçoit ce document après la vérification et la validation des comptes de copropriété, qui a lieu une fois par an, en coopération avec le conseil syndical. En examinant ce document, vous saurez précisément combien l'ancien copropriétaire (individuellement) et la copropriété (collectivement) ont dépensé sur l'année écoulée et combien vous pourriez potentiellement dépenser l'année suivante.

En complément du RGDD nominatif, vous devez absolument prendre connaissance des deux derniers procès-verbaux d'assemblée générale. C'est dans ces documents que vous trouverez le programme des futurs travaux, leurs montants et les dates des appels de charges.

Information : au détour d'une conversation entre vendeur, acquéreur et agent immobilier, on entend parfois que le propriétaire de l'appartement est redevable de toutes les charges votées en assemblée générale l'année précédente. Cette affirmation est complètement fausse et elle pourrait vous induire en erreur dans votre processus d'achat. La loi est très claire : c'est le propriétaire à la date de l'appel de fonds qui est redevable des sommes réclamées[2].

---

[2] Décret n°67-223 du 17 mars 1967 : article 6-2 et article 6-3

> Par exemple :
>
> - L'AG vote trois appels de fonds pour la future façade :
>   20 % le 01/01/23
>   20 % le 01/03/23
>   60 % le 01/06/23
>
> - Vous devenez propriétaire à la date du 05/05/23
>
> Conclusion : vous supporterez le plus gros appel de fonds qui est celui du 01/06/23.

On a également tendance à croire que le montant des charges de copropriétés est figé dans le temps. Cette information est aussi complètement fausse. Les charges évoluent avec les décisions prises en assemblée générale ou lorsque l'immeuble doit faire face à des problèmes imprévus. Une fuite d'eau peut entraîner une surconsommation sur l'année en cours et le surcoût sera payé par les copropriétaires l'année suivante. Méfiez-vous toujours du montant que l'on vous annonce ; vérifiez et anticipez par vous-même les futures dépenses lorsque vous contrôlerez les deux derniers procès-verbaux d'assemblée générale avant la signature du compromis.

4. Le rôle du syndic et ses missions :

Le syndic est le représentant du syndicat des copropriétaires. Il gère la copropriété et assiste les copropriétaires sur un plan économique, juridique et exécutif, dans la vie de la copropriété. Un tiers de son temps est consacré à la gestion des travaux de la copropriété. Il s'occupe du recouvrement des dettes et des procédures juridiques en cours pour défendre les intérêts des copropriétaires. Le syndic exécute les décisions prises en assemblée générale et veille à leur bonne réalisation. Une copropriété sans syndic n'est pas censée exister. Le syndic est obligatoire dans tous les cas, à partir du moment où il y a une division de propriété comportant au moins deux copropriétaires différents.

Lorsque vous vivez en copropriété, le syndic est le référent des travaux et le facilitateur de la vie en copropriété. Ses missions consistent également à prendre le temps de résoudre tous les petits problèmes de la vie quotidienne des copropriétaires. Sa journée commence par le traitement d'une cinquantaine de mails, plus ou moins complexes, l'explication d'un appel de charges par téléphone et un rendez-vous copropriétaire pour résoudre un problème de voisinage. Ceci n'est qu'un exemple d'une matinée. L'après-midi, le gestionnaire peut être sur des visites d'immeubles, en conseil syndical ou en assemblée générale. C'est un métier très riche en connaissances, pourvu de sens, idéal pour toutes les personnes qui souhaitent être stimulées intellectuellement et acquérir sans cesse des connaissances dans tous les domaines.

> **Information :** voici comment le syndic pourrait vous aider concrètement dans votre projet de pose de climatiseur dans votre logement. Légalement, vous devriez demander l'autorisation d'effectuer les travaux auprès du syndic, qui mettra votre demande à l'ordre du jour de la prochaine assemblée générale. Cependant, le syndic peut vous aider à rédiger votre demande pour qu'elle soit conforme aux exigences de l'immeuble (normes de bruit, de hauteur, de couleur) et accélérer le processus de décision, afin que vous puissiez faire vos travaux avant l'assemblée générale et avec l'aval du conseil syndical.

Voici pourquoi vous devriez demander de l'aide au syndic pour votre demande de travaux :

- Le syndic vous donnera des conseils sur le choix du matériel, sur les demandes similaires déjà acceptées et sur leur rédaction, afin que la vôtre soit plus facilement acceptable et compréhensible par l'ensemble des copropriétaires.
- Il pourra vous dire s'il est nécessaire d'attendre l'assemblée générale pour procéder aux travaux. Parfois, il arrive que votre demande corresponde déjà à une demande votée dans une précédente assemblée générale et que l'accord du conseil syndical suffise pour réaliser vos travaux.

Malheureusement, le métier de syndic est difficile. Beaucoup de candidats ne tiennent pas sur la durée. La plus grosse difficulté rencontrée par les gestionnaires est le comportement irrespectueux de certains copropriétaires à leur égard. À cela s'ajoute une charge de travail importante et un poids mental considérable. Le manque de gestionnaires en fonction implique une surcharge de travail importante et évidente sur les gestionnaires en activité.

Vous pouvez joindre votre gestionnaire par plusieurs canaux de communication pour la même demande. Vous pouvez envoyer un e-mail, un SMS ou l'appeler, tout simplement. En général, votre gestionnaire vous répondra dans la journée. Sinon, il est généralement présent physiquement sur la copropriété à fréquence régulière pour sa visite d'immeuble. Renseignez-vous sur sa date de passage, car rien ne vaut un contact physique au cours duquel vous pourrez échanger ensemble et lui remettre des documents si nécessaire.

5. Le syndic bénévole, une alternative à moindres frais

Dans l'idée, un syndic bénévole semble être une bonne alternative aux syndics professionnels. Il est régulièrement incarné par une seule personne qui souhaite s'investir dans la copropriété pour être utile aux autres et leur faire économiser de l'argent sur la gestion courante de l'immeuble. En principe, il est censé gérer la copropriété sur tous les points vus ensemble plus haut : juridique, comptable, travaux, vie courante du bâti. Il remplit ces tâches gracieusement et se fait uniquement rembourser les frais qu'il engage pour mener à bien sa mission. Ces frais sont encadrés par la loi. En général, ce sont les déplacements (train, péages) et la ligne téléphonique s'il veut un téléphone exclusivement réservé à la vie de la copropriété.

Dans un monde parfait, ce système marche très bien, mais dans la réalité, bien qu'il soit tout à fait légal, il atteint trop vite ses limites. Un syndic bénévole n'a généralement pas d'expérience dans le domaine de la copropriété et ne dispose pas des formations nécessaires. Dans la plupart des copropriétés tenues par un syndic bénévole, on s'aperçoit malheureusement que la comptabilité de la copropriété n'existe pas. On constate également qu'il dispose très rarement des informations essentielles de la copropriété : historique, plans, dossiers d'assemblées générales à jour. Le syndic bénévole n'a pas non plus la capacité professionnelle pour gérer les impayés en copropriété et faire face aux problèmes juridiques (décision d'annulation d'AG). En conclusion, il n'a pas les réflexes et l'expérience de terrain d'un professionnel, malgré sa bonne volonté.

Si vous souhaitez vivre dans une copropriété de deux lots, vous pourrez sans problème opter pour cette solution, qui est pratique, facile et économique. Si vous êtes dans une copropriété composée d'au moins quatre lots avec au minimum trois copropriétaires différents, préférez choisir un syndic professionnel qui vous facturera 1 500 € HT à l'année en moyenne pour l'ensemble de l'immeuble. Cela vous évitera d'innombrables situations délicates en cas de conflit de voisinage.

Information : vous pourriez vous proposer en tant que syndic bénévole de votre copropriété. Cette démarche est louable, mais une mise en garde s'avère nécessaire. Un syndic bénévole peut voir sa responsabilité pénale engagée en cas de problèmes rares, mais importants, qui surviendraient dans la copropriété. Malheureusement, un confrère a vécu le pire scénario possible : un enfant s'est empoisonné avec des vieilles peintures au plomb placées dans le hall d'entrée de l'immeuble. Si vous étiez le syndic bénévole de cet immeuble, vous seriez le premier que les forces de l'ordre viendraient chercher. On pourrait vous poursuivre pour ne pas avoir mis en place les moyens nécessaires à la sécurité du hall d'entrée.

---

6. La loi du 10 juillet 1965 et le règlement de copropriété

Pour connaître tous vos droits et vos obligations en copropriété, il n'existe qu'un seul document auquel vous devez vous référer en priorité : la loi du 10 juillet 1965 et son décret de mars 1967, qui régissent tous les aspects de la vie en copropriété. Cette loi et son décret sont accessibles gratuitement sur internet[3] et mis à jour chaque année avec les nouvelles jurisprudences et les réformes. Le texte de loi est aussi disponible en version papier sous le titre de "Code de la copropriété".

Pour faire un parallèle avec la cuisine, c'est comme si vous aviez la liste des ingrédients et toutes les recettes pour ne pas rater vos préparations. Pourtant, la plupart des gens se lancent sans lire la première page du livre. En complément de ce fameux livre de recettes, il y a la loi Alur de 2014, qui a pour objectif de réformer les missions du syndic, ainsi que la loi Elan de 2019, qui est venue apporter du "peps' à la vie en copropriété", en la modernisant et en clarifiant certains points. Même si vous n'êtes pas un(e) passionné(e) de cuisine et du monde juridique, il est fortement recommandé de lire les grandes lignes afin de comprendre le fonctionnement de la copropriété. Vous retrouverez, par exemple, les services que le syndic a le droit de vous facturer ou les actions qu'il peut mettre en place sans votre accord préalable.

Pour continuer dans la métaphore de la cuisine, le règlement de copropriété est l'ustensile qu'il vous faut absolument posséder. Ce document d'environ 100 pages doit vous être remis lorsque vous signez l'acte authentique ou, idéalement, à la signature du compromis. Le règlement de copropriété définit les parties communes et les parties privatives de

---

[3] Retrouver tous les textes de loi sur le site : www.legifrance.gouv.fr

l'immeuble. Il décrit avec précisions les règles de l'immeuble en vigueur. Vous pouvez trouver une mention spéciale quant à l'utilisation des jardins communs ou l'autorisation donnée aux propriétaires de pratiquer de la location courte durée. Le règlement de copropriété va même jusqu'à indiquer les dates auxquelles vous avez le droit de faire des travaux dans l'immeuble.

> **Information :** parfois, le règlement de copropriété vient contredire la loi de 1965 et ses rectificatifs. Dans ce cas, c'est la loi qui prédomine toujours sur le règlement, qui est souvent trop vieux et inchangé depuis des décennies.

7. Le règlement intérieur

À présent, vous savez que le règlement de copropriété régit les grands principes de votre copropriété. Dans beaucoup d'immeubles, il est complété par un règlement intérieur. Ce règlement peut avoir une valeur légale lorsqu'il reprend les grands principes du règlement de copropriété.

Il porte par exemple sur les bruits ou les modalités de l'accès à la piscine. Il est rédigé et réajusté par le conseil syndical au fil des ans, avec l'expérience acquise. Les copropriétaires peuvent aussi demander à rajouter des points. Concrètement, le règlement intérieur a vocation à compléter le règlement de copropriété sur les zones grises. Je vous invite à porter une attention toute particulière à ce document s'il existe, a minima pour la paix des voisins.

Partie II – Investir en copropriété sans perdre d'argent

Parfois, lorsque l'affaire paraît trop belle pour être vraie, c'est qu'elle est vraiment trop belle pour être vraie. En copropriété, la mauvaise lecture d'une annonce peut vous conduire à des situations dramatiques pour lesquelles personne ne voudra racheter l'appartement ou la maison après vous. Je vous invite à regarder le reportage réalisé par France 2 sur la copropriété Grigny 2, située en région parisienne[4]. C'est un ensemble d'immeubles dans lesquels le syndic ne peut plus payer les factures d'eau et d'électricité ; le problème venant en partie des marchands de sommeil et des copropriétaires avec des situations financières fragiles.

À l'heure où j'écris ce livre, peut-être que ce cas est résolu, mais des copropriétés à problèmes, il y en a partout, même autour de vous. Dans le même registre, les maisons de retraite dans lesquelles on vous propose l'achat d'un bien grevé d'un bail commercial avec des charges mensuelles exorbitantes avoisinant les sept cents euros par mois sont à éviter pour les novices.

---

[4] Reportage réalisé le 07/06/2021 par A-C Hinet, G. Marque, T. Mongellaz, A. Da Silva – Pour France 2 disponible à cette adresse :
https://www.francetvinfo.fr/economie/immobilier/immobilier-indigne/essonne-la-plus-grande-copropriete-d-europe-en-faillite_4654775.html

Avant d'aller plus loin, revenons sur la définition d'un marchand de sommeil : en général, les marchands de sommeil louent sans se soucier des normes de salubrité ni de décence élémentaire. Ils loueront un appartement de 15 m² à quatre ou six personnes, qui dormiront sur des lits superposés avec un seul cabinet de toilette sur le palier. Ils ne paieront pas leurs charges de copropriété et lorsqu'il y aura trop de requêtes judiciaires à leur encontre pour impayés, ils revendront l'appartement à une personne au profil similaire, qui exploitera le bien à son tour et de la même manière.

Le gouffre financier se creuse alors et, n'ayant plus de fonds disponible pour subvenir aux besoins de l'immeuble, le gestionnaire devra demander encore plus d'argent aux copropriétaires payeurs pour combler le déficit. Ce cercle vicieux entraîne de nouveaux copropriétaires, anciennement payeurs, dans la spirale infernale des impayés, en les rendant insolvables à leur tour. La dette générale augmentant de jour en jour, un mandataire judiciaire prendra le relais sur le syndic en espérant résoudre le problème.

Bien entendu, personne ne veut se retrouver dans cette situation. C'est pourquoi je vais vous expliquer comment repérer un bien en copropriété qui semble sain à l'aide d'indicateurs, identifiés grâce à mon métier et à mon expérience. Avec ces indicateurs, vous trouverez un appartement ou une maison en copropriété idéal à vivre et qui pourrait vous rapporter de l'argent si votre but est de faire du locatif. Vous découvrirez les différentes questions à poser avant de perdre de l'énergie à visiter inutilement. Nous prendrons ensuite le temps d'analyser les éléments à prendre en compte pendant votre visite et quelques rappels de la partie précédente. Nous terminerons par les points de vigilance non négligeables qui conditionnent la concrétisation de votre achat.

Chapitre I – Ne perdez pas votre temps : les choses à demander avant la visite

Avant chaque visite, il y a un certain nombre de questions à poser afin de savoir si le bien mérite une visite. Il s'agit de questions simples pour lesquelles on se doit de vous donner des réponses simples et précises. Dans le cas où les réponses ne sont pas satisfaisantes, je vous invite à demander des précisions, voire décliner la visite dans certains cas.

1. À combien s'élève le montant des charges actuelles ?

Légalement, le montant des charges prévisionnelles doit être mentionné dans l'annonce de vente, en fin de description, avec le type d'appel (mensuel, trimestriel, semestriel). Ce montant est calculé par rapport aux derniers appels de fonds payés par le vendeur pendant l'année N-1. Cependant, il arrive que le montant indiqué ne corresponde pas à la réalité. Trop souvent, pour ne pas perdre trop de temps avec l'administratif, le professionnel qui prend le mandat en charge estime les frais de copropriété à la louche. Pour cela, il se base sur les dires du copropriétaire ou sur une moyenne, élaborée par ses soins, en fonction du bâtiment et des ventes précédentes. Parfois, il divise même un appel trimestriel afin de donner une idée approximative au mois.

Sur le principe, ce n'est pas interdit, mais rien n'indique que dans son calcul, le professionnel a compté des frais qu'il n'aurait pas dû compter, comme des relances pour impayés. Gardez à l'esprit qu'il n'est pas possible d'estimer précisément les frais de copropriété sans les derniers appels de charges entre vos mains !

Je vous rappelle que, contrairement aux idées reçues, le montant des charges varie chaque année en fonction de l'état économique de la copropriété et des travaux votés. L'assemblée générale décide des nouveaux travaux chaque année. Plus précisément, ce sont les copropriétaires, lors des assemblées générales, qui votent pour les travaux à faire sur l'année suivante. Il n'y a pas de montant prédéfini pour les charges.

> **Information :** si vous souhaitez toutefois avoir une idée du prix, partez du principe que la quantité d'équipements et la qualité des services de la copropriété viendront gonfler le montant des charges. Une copropriété avec ascenseur et un gardien coûtera bien plus cher qu'une copropriété de trois lots avec un escalier comme seule partie commune.

2. Y a-t-il eu des incidents de paiements dans la copropriété ?

En copropriété, vous êtes solidaires les uns des autres. Cela signifie qu'un copropriétaire ne pouvant plus payer ses charges obligera les autres à payer pour lui. La loi a instauré une procédure pour le recouvrement de la dette du copropriétaire défaillant qui se décompose en deux grandes étapes :

Étape 1 : tentative de recouvrement amiable de la dette par lettre recommandée, suivie d'une mise en demeure et se terminant par un commandement de payer. À ce stade, un avocat, un huissier et un conciliateur interviennent pour tenter d'éviter une procédure longue et coûteuse aux parties. Le copropriétaire peut se voir proposer des facilités de paiements sur une période longue. À titre indicatif, entre la première relance et le conciliateur, il peut s'écouler entre six mois et un an.

Étape 2 : elle consiste à voter la mise en vente de l'appartement et la créance douteuse en assemblée générale. En collège, l'assemblée générale décide de faire fi des dettes irrécupérables et acte sa volonté de vendre l'appartement du copropriétaire défaillant. Cette vente intervient en général deux à quatre ans après le début de la procédure. En attendant la vente de l'appartement, les copropriétaires paient pour combler les dettes du défaillant et arrêtent sa dette sur un compte nommé "créance douteuse". Ce terme définit l'argent que vous n'êtes pas sûr de récupérer.

Information : l'annonce de vente doit préciser s'il existe des procédures en cours pour impayés. Attention ! La procédure intervient seulement à l'étape 2 ci-dessus. Comprenez par là qu'il y a peut-être d'autres copropriétaires défaillants, qui ne sont pas encore poursuivis, mais pour qui la copropriété va bientôt devoir mettre la main à la poche.

3. S'agit-il d'un syndic bénévole ou professionnel ?

Un syndic professionnel est souvent illustré par une société de grande marque, comme Foncia, Nexity, Citya Sergic et quelques autres. Il s'agit d'une équipe pluridisciplinaire constituée de gestionnaires, d'assistants, de comptables, d'un service contentieux, d'agents administratifs et même de techniciens informatiques pour les services en ligne. Ce sont des sociétés d'au moins 2 000 salariés. Un syndic professionnel de cette catégorie coûte généralement plus cher que les autres types de syndics ci-dessous.

Il existe ensuite les autres sociétés de syndics, plus ou moins importantes, composées de 2 à 100 personnes environ. Généralement, même si elles sont très volontaires et impliquées, leurs services peuvent être moins efficaces. Dans ces structures, le gestionnaire s'occupe également du contentieux, de l'administratif et des problèmes informatiques rencontrés par les copropriétaires. Cela ne signifie pas que le travail est moins bon, mais le manque d'équipes pluridisciplinaires conduit parfois à une gestion plus lente des copropriétés, car le poste de gestionnaire est très chronophage.

Le syndic bénévole est, comme son nom l'indique bénévole et donc, non-professionnel. C'est une personne physique qui n'a peut-être pas d'expérience professionnelle en gestion de copropriétés. Il est important de vous mettre en garde sur ce système, qui paraît très intéressant de prime abord, mais qui montre rapidement ses limites face à certains problèmes. L'avantage majeur du syndic bénévole est qu'il ne vous coûte rien.

Un dernier type de syndic existe, ce sont les entreprises d'aide à la gestion entièrement dématérialisée qui assistent les copropriétaires. Attention, la plupart du temps, elles se présentent comme des syndics à distance. Malheureusement, les plus plébiscitées n'ont pas la reconnaissance législative pour gérer votre copropriété comme un gestionnaire traditionnel. Ce système présente beaucoup de points faibles à l'heure actuelle. Pour les cinq à dix prochaines années, je vous déconseille ce système qui doit se roder et se perfectionner.

4. Des travaux importants ont-ils été acceptés lors de la dernière assemblée générale ?

Si vous êtes investisseur, cette question pourrait conditionner votre visite. À l'heure où j'écris ce livre, beaucoup d'immeubles votent des travaux de rénovation énergétique. Dans une copropriété de 147 lots répartis sur quatre bâtiments, un ravalement avec isolation par l'extérieur coûte environ 450 000 €, soit environ 2 500 € par lot, appelé en deux à trois fois. Assurez-vous d'avoir de l'argent de côté avant de vous engager sur un immeuble où la façade a été votée. Il arrive que les copropriétaires vendent à cause du montant des travaux votés.

Information : c'est le propriétaire du bien à la date de l'appel de charges qui est redevable des charges. Cela signifie que même si vous n'avez pas voté pour ou contre les travaux, vous serez redevable des charges au jour de l'appel de provision.

---

5. Le diagnostic de performance énergétique

En France, le DPE (**d**iagnostic de **p**erformance **é**nergétique) est un document obligatoire pour la vente ou la location d'un bâtiment. Il évalue la consommation d'énergie du bâtiment et son impact en termes de gaz à effet de serre. Il existe des évolutions prévues pour le DPE en 2023, telles que :

- L'extension de l'obligation de réaliser un DPE pour les locaux professionnels et les logements vacants, qui seront ajoutés aux bâtiments existants.
- L'augmentation de la fréquence d'actualisation du DPE, qui passera de dix à cinq ans pour les logements.
- L'obligation de fournir des informations sur les équipements de chauffage et de production d'eau chaude sanitaire.
- L'ajout de l'étiquette **é**nergie **b**âtiment **d**urable (BED) qui donnera une vision des émissions de gaz à effet de serre.
- L'utilisation de méthodes de calculs plus précises pour établir les résultats de DPE.

Ces évolutions visent à améliorer la transparence et la qualité des informations fournies par le DPE, ainsi qu'à inciter les propriétaires à améliorer la performance énergétique de leurs bâtiments.

> **Information :** à partir de 2023, pour mettre votre appartement à la location, il sera obligatoire de fournir une étiquette **é**nergie **b**âtiment **d**urable (BED), qui sera accompagnée de la lettre correspondante. D'autre part, depuis le 1er janvier 2023, il n'est plus possible de mettre en location les logements classés G et F.

Chapitre II – Les choses à vérifier pendant la visite

Pendant la visite, vous pourriez être happé par la découverte du logement que vous visitez. Gardez en tête que tout ce qui ne se voit pas de prime abord aura aussi des conséquences sur vos finances. Dans le chapitre précédent, vous avez posé les questions qui vous ont aidé à savoir si le bien méritait une visite. Vous allez maintenant vous rendre sur place et vérifier les informations ci-dessous et confirmer ou infirmer la bonne affaire.

1. Parties communes à jouissance privative

Les parties communes à jouissance privative sont les parties communes affectées à l'usage et à l'utilité exclusive d'un lot. Prenons l'exemple d'une petite maison en copropriété avec terrasse ou jardinet. Pour un immeuble, nous pourrions prendre l'exemple d'un balcon. Dans ce cas, même si la terrasse est attachée à votre villa, ne perdez pas de vue qu'elle appartient indivisément à tous les copropriétaires, bien qu'elle vous soit réservée. La terrasse ne vous appartient pas au sens strict des choses. Vous restez soumis aux directives de la copropriété quant à l'utilisation et à l'entretien de cet espace supplémentaire. Pire encore, vous pourriez un jour voir une résolution à l'ordre du jour dans laquelle quelqu'un proposerait de détruire tous les murs de clôture des terrasses afin de les transformer en parkings.

Trêve de plaisanterie, la loi française est quand même bien faite et il est impossible de retirer à un copropriétaire la jouissance d'une partie commune exclusive sans son accord. Précisons également qu'il est aussi possible d'acquérir un droit de jouissance exclusif en copropriété a posteriori de votre achat. Vous pourriez demander à la prochaine assemblée générale l'aliénation du jardin commun, situé juste devant chez vous. La copropriété peut vous le concéder de plusieurs manières[5] :

- Nominativement : dans ce cas, c'est le copropriétaire nommé qui peut en profiter et cela, jusqu'à qu'il décide de vendre son lot principal ; la partie commune exclusive redevient un bien de copropriété commun.
- Décider de rattacher la partie commune exclusive à un lot : dans ce cas, la partie

---

[5] https://www.service-public.fr/particuliers/vosdroits/F31518

commune sera rattachée au lot et le restera, même en cas de vente.
- Décider de le vendre au copropriétaire concerné : dans ce cas, le copropriétaire devient propriétaire de son lot principal et pourrait très bien vendre l'appartement sans le nouveau jardin, qui constitue un nouveau lot complètement indépendant de l'autre.

En conclusion, même si vous n'êtes pas "propriétaire" du lot terrasse, vous paierez des charges sur cette partie commune qui vous est réservée et sur laquelle vous aurez évidemment des droits et des obligations. Vous aurez le droit de vous en servir au gré de vos envies, mais vous devrez aussi entretenir les haies et tailler les arbres du jardin à vos frais. J'ai pris l'exemple de la végétation comme j'aurais pu prendre l'exemple d'un portillon.

Dans le règlement de copropriété, on retrouve souvent une ligne en dessous de celle de votre lot qui spécifie la nature du lot en question. Je vous invite à vérifier l'exactitude du type de lot par deux fois : lors du compromis d'abord et une nouvelle fois le jour de la signature de l'acte authentique, pour éviter les mauvaises surprises.

2. Plus c'est haut, plus c'est grand, plus c'est cher

En copropriété, le montant de vos charges est calculé sur plusieurs critères propres à votre appartement. Le montant de votre quote-part est en partie proportionnel à la grandeur en mètres carrés de votre bien. En d'autres termes, plus votre appartement sera grand et plus vous paierez de charges. C'est le nombre de tantièmes qui vous seront attribués par le descriptif de division qui va déterminer le montant de vos charges. D'autres facteurs entrent en ligne de compte dans ce savant calcul, comme l'étage auquel se situe votre appartement.

D'autres paramètres sont pris en compte : si votre immeuble bénéficie d'un ascenseur, le coefficient d'élévation appliqué à votre appartement sera plus important si vous êtes au dernier étage. L'ascenseur ayant besoin de plus d'énergie pour aller jusqu'en haut, vos charges seront donc plus élevées que celles de votre voisin du deuxième étage, qui a pourtant exactement le même appartement que vous. Il en va de même pour la lumière des communs dans certaines résidences, dans lesquelles on jugera que votre parcours étant plus long pour arriver jusque chez vous, il nécessite davantage de ressources électriques. Attention à ce dernier point, s'il s'agit d'une minuterie, la lumière est censée être allumée pendant la même durée pour tout le monde.

3. Les compteurs d'eau et d'électricité

Personnellement, je n'ai jamais eu l'occasion de voir un compteur d'électricité "classique" commun à l'ensemble des appartements d'un immeuble. Certains de mes confrères m'ont dit avoir vu ce genre d'installation dans des vieilles maisons de villages divisées en appartements. Un seul compteur électrique individuel, pour tous les copropriétaires, est une folie ! De plus, cette installation non adaptée est dangereuse et interdite.

Si vous constatez ce type d'installation, cela signifie que tous les copropriétaires paient la consommation électrique conjointement et indépendamment de leur consommation personnelle. Pour pousser cet exemple à son paroxysme, si une personne de l'immeuble décide de partir au travail en laissant la lumière de son logement allumée toute la journée, vous paierez pour lui. Si vous rencontrez ce genre de configuration, je vous invite à vous renseigner rapidement sur la mise en conformité possible et le coût.

En France, depuis la loi sur la transition énergétique[6], il est interdit de ne pas avoir de compteur d'électricité individuel pour votre bien.

En revanche, il est tout à fait possible d'avoir un compteur électrique divisionnaire pour un garage ou

---

[6] Dans le cadre de la loi sur la transition énergétique, les compteurs d'électricité individuels sont obligatoires dans tous les logements depuis début 2017 (et avant le 31 décembre 2019 si le logement dispose d'un chauffage collectif).

pour la lumière des parties communes. Un compteur électrique divisionnaire ressemble à un disjoncteur avec un petit écran. On le place généralement dans un tableau électrique déjà existant. Il arrive parfois, pour des raisons pratiques, que la lumière des communs soit branchée sur le tableau électrique le plus proche. En général, c'est toujours le tableau de l'appartement du rez-de-chaussée. Un divisionnaire est un "sous-compteur" qui affiche la consommation de la partie concernée en temps réel. Dans ce cas, la copropriété avance la dépense générale (pour la lumière des parties communes par exemple) et demande le remboursement de cette avance au prorata des tantièmes et des consommations individuelles que vous recevrez en fin d'année.

Pour l'eau, c'est exactement la même chose. Vous aurez souvent des compteurs d'eau généraux accompagnés de divisionnaires. Pour l'eau, il n'est pas interdit d'avoir un compteur principal commun à tous les copropriétaires et sur lequel sont branchés des divisionnaires. Quelquefois, pour les plus chanceux, il arrive que chaque appartement ait un compteur d'eau froide individuel avec un abonnement à la Suez. C'est la meilleure des solutions. Vous payez votre propre consommation sans payer de provision et vous évitez ainsi tous les problèmes qui peuvent survenir avec les compteurs.

> **Information** : pourquoi les compteurs individuels sont-ils la meilleure solution ? Imaginons le cas où un locataire peu scrupuleux ne paie plus son loyer. En cas de conflit, les compteurs étant toujours au nom du propriétaire, il pourrait très bien laisser l'eau couler pendant des heures, juste pour vous embêter. Dans ce cas, c'est vous qui seriez redevable de sa consommation. Dans votre quête d'achat, je vous conseille donc de toujours privilégier un appartement ou une maison avec des compteurs d'eau et d'électricité individuels, même si le prix d'achat est moins avantageux.

4. Le chauffage commun et l'eau chaude commune

En copropriété, il arrive que vous ayez des compteurs d'eau chaude individuels. Le fonctionnement est simple : il y a une chaudière principale au rez-de-chaussée qui génère l'eau chaude et le chauffage pour l'ensemble de la copropriété. Il est très rare que ces deux installations ne soient pas liées. L'eau chaude ne va pas sans le chauffage, puisqu'il s'agit du même appareil. L'eau chaude générée de cette manière coûte très cher et les prix fluctuent beaucoup en fonction du coût des matières premières. Le type de contrat souscrit par la copropriété pour l'entretien de la chaudière influe également beaucoup sur les montants que vous paierez. Il y a aussi le coût des pièces – exorbitants – de la chaudière qui tombe en panne et qu'il vous faudra assumer quasiment chaque année.

Un conseil que je peux vous donner : si vous supprimez les installations d'origine pour un ballon d'eau chaude et des radiateurs électriques, vous restez redevable des charges liées à l'entretien de la chaudière. Vous ne paierez plus votre consommation, mais les avantages liés à la suppression du système sont trop faibles, à mon sens. Si d'autres copropriétaires sont du même avis que vous, proposez collectivement la suppression de la chaudière collective en AG pour faire de vraies économies.

5. Les voisins

On ne choisit pas sa famille, mais on peut choisir ses voisins. En moyenne, une personne reste propriétaire cinq à sept ans d'un même bien. Pour vérifier si vos futurs voisins correspondent à vos attentes, je vous invite à passer autant de fois que nécessaire dans la copropriété avant de signer l'acte authentique. Durant vos passages, n'hésitez pas à demander à tous les individus que vous croiserez dans la résidence si des problèmes existent avec les personnes de votre palier ou dans votre immeuble et même dans la rue.

Les humains étant parfois très prévisibles, je vous ai répertorié la liste des éléments qui m'alarment personnellement :

- odeur de cigarette/substance illicite très prononcée dans le couloir ;
- sacs poubelle laissés dans le couloir devant la porte de votre futur voisin ;

- porte d'entrée abîmée ou cassée ;
- traces diverses autour de sa porte ;
- musique trop forte à chaque visite ;
- étiquettes de boîtes aux lettres ou boîtes aux lettres abîmées.

Je vous encourage à demander le numéro de téléphone d'un membre du conseil syndical afin d'avoir une idée globale de la copropriété et des travaux en perspective. Généralement, les membres du conseil syndical ne sont pas tendres avec le syndic, mais ils ne le sont pas non plus avec les éléments perturbateurs qui troublent la quiétude de la copropriété. En bonus, vous pourriez peut-être apprendre qu'à la prochaine assemblée générale, le CS va mettre le ravalement de façade à l'ordre du jour.

6. Le conseil syndical

Le conseil syndical est un groupe de trois à dix personnes, qui veille normalement à la bonne tenue de l'immeuble. Ses missions sont variées : il informe le syndic des choses à réparer si nécessaire et des divers problèmes rencontrés sur la copropriété. Le conseil syndical assiste également le syndic dans ses missions de gestion. Une fois par an, il rejoint le représentant du syndic pour vérifier les comptes financiers de la copropriété et établit un ordre du jour pour l'assemblée générale, en concertation avec le gestionnaire. Les membres du CS sont souvent très investis dans la vie en copropriété et il influence grandement les choix de l'assemblée générale en prenant la parole et en défendant des opinions.

Imaginons que vous souhaitiez acheter une partie commune de la copropriété. Vous devrez, dans un premier temps, prendre contact avec le conseil syndical afin de les persuader que votre projet est viable, pour qu'ils se joignent à vous lors de la prochaine assemblée générale et qu'ils défendent vos intérêts. Vous pouvez les convaincre que la copropriété va percevoir de l'argent via votre achat et que les charges collectives seront un peu moins importantes grâce à votre investissement. Dans un cas comme celui-ci, il y a de fortes chances que vous receviez le soutien du conseil syndical.

Vous pourriez aussi mettre votre proposition à l'ordre du jour sans consulter le CS et donc, sans leur appui. Cependant, la tâche risque d'être beaucoup plus difficile. Ils pourraient influencer les autres copropriétaires afin de voter contre vous.

Idéalement, essayez d'avoir un contact avec eux avant d'acheter. Ils sont le facteur principal des futures dépenses de la copropriété, car ce sont eux qui émettent la majorité des propositions pour les travaux. Un conseil syndical trop investi pourrait vous coûter très cher, en proposant des travaux pour l'immeuble chaque année : éclairage, façade, réfection des garde-corps, remplacement du portail principal, etc.

Même si c'est interdit, ils ont la mauvaise habitude d'inciter le syndic à appliquer des dépenses exceptionnelles en guise de punition à certains copropriétaires qui ne respectent pas le règlement intérieur.

> Sachez qu'il n'est pas possible d'imposer à un copropriétaire une dépense exceptionnelle, comme la taille de son arbre privatif, sans son accord préalable par écrit. Je vous invite à lire l'article référencé en note de bas de page[7] pour connaître les charges qui peuvent légalement vous être imposées.

7. Anticiper les travaux de l'immeuble à moyen et long terme

Il s'agit d'avoir une vision globale de l'état de santé de la copropriété sur un laps de temps d'environ trois ans. Pour cela, vous devez utiliser les bons outils mis à votre disposition. La loi vous permet et vous invite fortement à prendre connaissance des trois derniers procès-verbaux d'assemblées générales. Ces documents regroupent les travaux et les décisions votées pour les années passées et futures. Toutes les assemblées générales s'organisent à peu près de la même manière. Dans la liste ci-dessous, les numéros de résolutions sont donnés à titre indicatif, car une AG ne

---

[7] Loi n°65-557, art 10-1 |
https://www.legifrance.gouv.fr/loda/article_lc/LEGIARTI00003
9313543/2022-11-21

comporte jamais le même nombre de résolutions en fonction des choses à voter :
- Résolutions 4 à 7 : en général, ce sont les résolutions destinées à la santé financière de la copropriété. Vous verrez si le budget N-1 a été respecté, si le syndic préconise une augmentation du budget N+2 et si l'assemblée générale approuve la gestion par le syndic. Vous pourrez également constater si le syndic a été mis en concurrence.

- Résolutions 7 à 12 : ce sont les résolutions destinées à voter les poursuites judiciaires à l'encontre des débiteurs s'il y en a.
- Résolutions 12 à fin : ce sont les résolutions destinées aux travaux et leurs dates d'appels, des demandes particulières des copropriétaires et de toutes résolutions un peu moins importantes.

Prenez le temps de lire convenablement les trois derniers procès-verbaux d'assemblée générale, car une façade ou d'autres gros travaux du même genre se votent toujours sur plusieurs années. Soyez vigilant également à toutes les résolutions portant sur la réalisation d'une mission de maîtrise d'œuvre ; elle annonce souvent de gros travaux d'ascenseurs, de façades ou de réseaux. Évidemment, vous prendrez aussi le temps de faire quelques pas en arrière, physiquement, face à votre futur bien, afin d'avoir une vue d'ensemble du bâtiment. La meilleure façon d'anticiper les futurs travaux est d'observer le bâti en

50

détail : état de la façade, état général des communs, état des parkings.

Chapitre III – Dernière étape, les choses à contrôler à la signature de l'acte

> **Information :** avant de vous rendre chez le notaire pour la signature de l'acte authentique, vous devez visiter le bien une nouvelle fois. Vous vérifierez si un problème majeur existe et vérifiez que la liste des meubles censés rester est toujours exacte. Par la même occasion, vous ferez le relevé des compteurs. Visitez le bien quelques heures avant la signature de l'acte, jamais plus d'un jour entre la visite et l'acte authentique afin de réduire les aléas au maximum.

C'est maintenant qu'il faut être très vigilant. Dans l'euphorie, vous allez sûrement rater quelques informations. Généralement, le notaire les vérifie avec vous en lisant à haute voix le projet d'acte. Toutefois, je vous conseille de porter une attention toute particulière aux points suivants.

1. Vérifiez les numéros de lots

Il est possible qu'une erreur se glisse dans la numérotation des lots. Soyez vigilant sur la numérotation en comparant les numéros inscrits sur les premières pages dans la rubrique "désignation du bien" avec les numéros que vous trouverez dans le descriptif de copropriété normalement annexé à l'acte. Le notaire ne connaît pas forcément la copropriété physiquement alors que vous, oui. Il arrive que l'agent immobilier vous promette une place de parking ou un cellier qui n'apparaît sur aucun document. Lorsque vous recevez le projet d'acte, vérifiez que la place de parking soit toujours inscrite dans la partie "désignation du bien" et, dans le cas contraire, faites-la inscrire. Le notaire ne prendra pas le risque de l'inscrire si elle n'existe pas.

2. Vérifiez les surfaces et les servitudes

Lorsque le notaire lira la description de votre futur bien, il doit annoncer une surface habitable précise. Celle-ci doit correspondre en tout point à la surface annoncée par l'agence et par le diagnostiqueur, car c'est la surface exprimée par le notaire qui compte. Si l'écart est beaucoup trop important avec ce qu'on vous avait annoncé, je vous recommande de demander des explications avant de signer. La plupart du temps, c'est parce qu'on vous a vendu des surfaces en dessous de la hauteur légale pour être considérée comme habitables.

3. Le décompte final

Vérifiez bien le montant total du décompte final, surtout si vous avez fait un prêt immobilier. La plupart du temps, vous allez récupérer un peu d'argent, car la banque finance les frais afférents à la rédaction de l'acte et l'acompte que vous avez versé. Le notaire devrait donc vous rendre l'argent que vous avez avancé.

À la signature du compromis, le notaire vous a demandé de verser un acompte, correspondant généralement à 10 % du prix de vente du bien et une provision pour frais d'acte. Si vous en êtes à cette étape lors de la lecture de ce livre, je vous invite à déposer la somme la plus petite possible en acompte. Pour la provision sur frais d'acte, c'est généralement 300 € et cette somme n'est pas compressible. En revanche, rien n'est légalement inscrit pour le montant de "l'acompte".

Les statistiques sont formelles : une vente sur deux n'aboutit pas. Il est très probable que vous découvriez des choses qui vous feront reculer. Dernièrement, j'ai signé un compromis pour un studio avec jardin qui s'est avéré être un garage, transformé en appartement et pour lequel rien n'a été demandé, ni à l'assemblée générale, ni à la ville pour le modificatif de destination.

Heureusement pour moi, je n'avais bloqué que 500 € chez le notaire. Le notaire insistait pour que je verse 10 % de la somme totale soit 5 000 €. Le délai légal sous lequel le notaire est censé vous rendre l'argent est de 21 jours. La plupart du temps, il vous rend l'argent dans un délai bien plus long. J'ai récupéré mon argent après presque deux mois et demi.

---

4. La double minute

Généralement, l'acheteur et le vendeur ne font appel qu'à un seul notaire pour acter la vente. La "double minute" consiste à avoir deux notaires sur une même vente. Personnellement, je vous recommande de toujours choisir un notaire pour vous représenter. L'autre partie pourra choisir, elle aussi, son notaire pour la représenter ou elle pourrait décider de prendre le même notaire que vous. Avoir deux notaires dans une vente ne coûte pas plus cher. En revanche, avoir deux notaires vous permettra d'être sûr d'avoir une personne qui défendra vos intérêts. Par la même occasion, chaque notaire aura tendance à vérifier le travail de son confrère. Vous aurez ainsi une double vérification pour être sûr qu'aucune erreur ne s'est glissée dans votre acte. Si vous avez tendance à régulièrement passer chez le notaire, vous constaterez que certains sont plus lents que d'autres. Avoir un notaire choisi par vos soins et avec qui vous avez l'habitude de travailler vous aidera à accélérer le processus de vente si nécessaire.

PARTIE III – Connaître les règles pour vivre en copropriété

Félicitations, vous êtes maintenant copropriétaire. Vous avez sûrement fait connaissance avec vos nouveaux voisins pendant votre déménagement. Entre les curieux et les râleurs, vous allez devoir jongler avec toutes les humeurs des autres copropriétaires pour vous faire accepter. Dans cette nouvelle partie du livre, vous allez apprendre les règles à respecter en copropriété. Ainsi, vous pourrez œuvrer pour la conservation et l'amélioration de votre bien.

Chapitre I – Les assemblées générales ordinaires

L'assemblée générale a lieu une fois par an. Le principe est simple : vous prenez une chaise et vous votez à main levée à chaque fois qu'on vous le demande. Voyez l'assemblée générale comme une fête des voisins. Tout le monde se retrouve pour partager un bon moment ou pour régler ses comptes. Généralement, une AG dure entre deux et cinq heures s'il y a beaucoup de problèmes à traiter. C'est le moment où certains copropriétaires en profitent pour poser des questions complexes. Certains copropriétaires éprouvent une satisfaction immense à pointer une erreur de 3 euros sur un budget de 100 000 euros.

1. Pourquoi faire une assemblée générale chaque année ?

L'objectif premier d'une assemblée est de rendre compte de la gestion de l'immeuble par le syndic et par le conseil syndical. La date de l'assemblée est fixée par le syndic ou par décision d'assemblée générale de l'année précédente. Une AG se déroule quasiment toujours de la même façon ; les résolutions se déroulent dans le même ordre chaque année. Vous pouvez vous référer à l'ordre donné dans la partie précédente pour avoir une idée du schéma.

C'est pendant l'assemblée générale que les comptes financiers de la copropriété sont approuvés pour l'année écoulée. Une résolution approuve les comptes de l'exercice et déclare si la copropriété présente un solde créditeur ou débiteur. Si la copropriété est débitrice, de l'argent supplémentaire pourra être appelé aux copropriétaires en plus du prochain appel de fonds afin de combler la dette générale. Dans le cas contraire, de l'argent sera rendu ou déduit du prochain appel de fonds. L'assemblée générale vote ensuite le budget prévisionnel pour l'année N+1. Le jour de l'assemblée, vous saurez combien vous coûtera la copropriété pour l'année à venir.

> **Information importante :** dans le cas où les comptes ne sont pas approuvés, le syndic ne peut pas agir en recouvrement des dettes sur les copropriétaires défaillants puisque les comptes ne sont pas reconnus comme exacts.

Viennent ensuite toutes les résolutions de type travaux. Elles sont proposées à l'initiative du syndic, du conseil syndical ou des copropriétaires. Chaque résolution est accompagnée d'au moins un devis d'entreprise afin d'avoir une idée du coût. L'assemblée vote pour l'entreprise qui réalisera les travaux. Depuis la loi Élan[8], le conseil syndical peut bénéficier d'un budget défini en AG pour choisir l'entreprise qui réalisera les travaux, dans le cas où aucune entreprise ne serait retenue pendant l'assemblée générale.

2. Comment participer en optimisant son temps et son énergie ?

Dans la plupart des AG, quelques copropriétaires viennent pour régler leurs comptes ou exprimer vivement ce qui ne va pas au syndic. Une assemblée générale qui pourrait se terminer en deux heures dure alors quatre, voire six heures…Vous allez perdre du temps si tout se passe bien, mais vous perdrez

---

[8] Loi n° 2018-1021 du 23 novembre 2018 portant évolution du logement, de l'aménagement et du numérique   NOR : TERL1805474L

encore plus de temps si tout se passe mal à cause de quelques personnes en manque de reconnaissance.

Pendant très longtemps, en cas d'absence, vous n'aviez pas d'autre choix que de laisser "pouvoir" à quelqu'un. Cela signifie que vous donnez la possibilité à quelqu'un de vous représenter et de voter ce que bon lui semble en votre nom. Lorsqu'on parle d'argent et d'appels de fonds, je vous déconseille de donner pouvoir à votre voisin ou à un ami. Les gens qui détiennent des pouvoirs se pensent parfois plus puissants que les autres et se gargarisent en prenant les décisions sans penser réellement au bien-être de la copropriété et aux conséquences. Un copropriétaire habitant n'aura pas les mêmes besoins qu'un copropriétaire faisant de la location.

La loi Élan a bien compris que les nouvelles générations n'ont pas de temps à perdre dans de longues réunions fastidieuses. Un bulletin de vote par correspondance est joint à chaque convocation. Vous pouvez ainsi faire vos choix à distance, en lisant scrupuleusement chaque résolution. Vous votez sur le bulletin joint à la convocation que vous renvoyez par e-mail ou par courrier. Vous gagnez donc du temps et de l'énergie et le résultat sera le même. Vos choix seront enregistrés conformément à votre volonté par le syndic avant l'assemblée générale. Il est important de préciser que vous serez considéré comme présent.

3. Voter intelligemment en assemblée générale

La copropriété est comme une petite ville qui doit être gérée pour perdurer dans le temps. Au même titre qu'un maire et son conseil communal, la copropriété fait l'objet de décisions qui affectent économiquement et politiquement les copropriétaires, parfois sur plusieurs années. Vous avez donc le droit et le devoir de soutenir ou de vous opposer à des décisions qui ne vous plaisent pas ou que vous pensez contraire à la bonne tenue de la copropriété. Le principe est simple : à chaque résolution, une réponse binaire doit être rendue par les copropriétaires présents ou représentés. En théorie, c'est plutôt facile, mais dans la réalité, c'est bien plus compliqué de prendre des décisions.

Cependant, plusieurs choix s'offrent à vous et nous allons les voir en détail :

- Voter "pour" signifie que vous êtes d'accord avec la solution proposée et, logiquement, pour tout ou partie des sous-résolutions.
- Voter "contre" signifie que vous êtes en complète opposition avec la solution proposée.
- Voter "abstention" revient à voter "blanc" ; vous n'êtes donc ni pour ni contre.
- Ne pas voter revient à être inscrit dans le PV comme " non exprimé" ; vous ne participez donc pas au vote.

La copropriété est un jeu politique dans lequel il faut parfois chercher à être malin. Si vous souhaitez faire adopter une résolution, il vous faudra partir en quête de votants qui vous soutiendront. À l'heure où j'écris ce livre, la loi vous permet de représenter à vous seul jusqu'à 10 % de la copropriété. Rendez-vous compte qu'à vous seul, vous pourriez représenter 10 copropriétaires sur 100 et faire ainsi basculer toutes les décisions.

4. Travaux et clés de répartition : comment ça marche ?

Imaginons une copropriété composée de plusieurs bâtiments, nommés A, B, C, D. Dans cette copropriété fictive, ajoutons un portail, un parking commun et une clôture, qui délimite la copropriété. Dans cette copropriété, il y a des copropriétaires d'appartements et de places de parkings et d'autres copropriétaires, qui détiennent seulement une place de parking.

Exemple 1 : imaginons qu'en assemblée générale, les habitants du bâtiment A demandent l'installation d'une ouverture avec badge pour le bâtiment. Les habitants du bâtiment A seront les seuls à voter "pour", "contre" ou "abstention" pour l'installation d'un système d'ouverture sécurisée. En toute logique, c'est aussi ce seul bâtiment qui supportera le coût de l'installation puisqu'il sera le seul à en profiter.

Exemple 2 : imaginons que l'assemblée générale doive se positionner sur la réfection des bandes blanches du parking. Tous les copropriétaires détenant une place de parking voteront. Un copropriétaire qui n'a pas de place de parking ne votera pas et ne paiera pas pour le traçage des bandes. Jusqu'ici, tout semble logique.

Exemple 3 : à présent, imaginons que la copropriété doive voter pour la peinture de la clôture entourant la copropriété. Tous les copropriétaires voteront, qu'ils soient détenteurs d'un parking, d'un appartement ou d'un cellier. La clôture est un élément de structure qui participe à la sécurité de l'immeuble dans son ensemble.

Information : en principe, lorsqu'un copropriétaire peut jouir d'un élément de copropriété, il devra participer aux frais. Habituellement, on définit cette utilité et sa participation par le terme "critère d'utilité". Vous entendrez souvent le syndic ou le conseil syndical prononcer ce terme à toutes les sauces pour faire payer des copropriétaires sur des éléments structurels.

Heureusement pour vous, le règlement de copropriété définit explicitement les modalités de participation aux charges pour la majorité des éléments. Encore une fois, je vous invite à vraiment prendre le temps de lire votre règlement de copropriété. Pour les éléments non définis par le règlement de copropriété, il vous faudra appliquer le fameux critère "d'utilité".

Les clés de répartition sont la traduction juridique des informations communiquées plus haut. Les clés de répartition sont organisées par le descriptif de copropriété qui détermine, dès la conception du bâtiment, comment se répartissent les dépenses dans l'immeuble. Les clés de répartition peuvent être modifiées par l'assemblée générale à l'initiative de l'ensemble de la copropriété, dans le cas de création de parties communes ou lorsque des copropriétaires décideront de fermer leur loggia pour en faire des parties habitables.

5. Les majorités

En copropriété, il existe trois types de majorités différentes. Les majorités servent à voter les décisions d'assemblée générale en fonction de leur importance. À chaque type de résolution s'applique une majorité différente. En d'autres termes, les majorités servent à catégoriser l'importance et l'impact des résolutions et leurs conséquences sur la copropriété.

Exemple 1 : le changement du système d'éclairage se vote à une majorité plus simple que la majorité nécessaire pour la création d'un garage à vélos.

Exemple 2 : la vente de la loge se vote à majorité plus importante, car elle implique des transformations considérables matérielles et économiques pour la copropriété.

Voyons en détail les majorités applicables en copropriété et le type de résolutions auxquelles elles sont rattachées. Cette partie est un peu fastidieuse, je vous l'accorde, mais cela a beaucoup d'importance. Elle conditionne la faisabilité de vos futures demandes et des travaux. Ces connaissances vous permettront de savoir si la bonne majorité a été appliquée à une résolution.

La majorité simple (dite *majorité de l'article 24*) : elle correspond à la majorité des voix exprimées des copropriétaires présents ou représentés lors de l'assemblée générale, ainsi que ceux ayant voté par correspondance. Les abstentionnistes ne sont donc pas pris en compte dans le résultat.

La majorité simple de **l'article 24** concerne les décisions relevant de la gestion courante de la copropriété. Ainsi, comme cette majorité est la plus simple à obtenir, elle permet de ne pas bloquer la prise de décisions à cause de l'absentéisme, souvent élevé, en assemblée générale.

On peut citer comme exemple les travaux nécessaires et courants, les travaux d'accessibilité, les bornes électriques pour voiture.

La majorité absolue (dite *majorité de l'article 25*) : elle correspond à la majorité des voix de tous les copropriétaires de l'immeuble (présents, représentés et absents).

Si la décision a reçu au moins ⅓ des voix, elle peut faire l'objet d'un second vote à la majorité simple de l'article 24 (majorité des voix des copropriétaires présents, représentés ou ayant voté par correspondance).

Une majorité absolue étant assez compliquée à obtenir, une clause a été ajoutée dans la loi de 1965 par la réforme de la loi Élan. Dans le cas où une résolution recueille plus d'un tiers des votes favorables, elle peut être de nouveau soumise au vote dans la même assemblée générale, cette fois-ci en majorité simple. Dans ce cas, les abstentions ne sont pas prises en compte et il est plus facile d'adopter la résolution.

Voici une liste non exhaustive des résolutions qui s'adoptent à la majorité absolue :

- La désignation d'un syndic de copropriété ;
- La révocation du syndic de copropriété ;
- Les travaux d'amélioration, de transformation ou d'addition : ce sont les travaux qui ne sont pas nécessaires à la bonne tenue de l'immeuble, mais qui apportent néanmoins un confort supplémentaire. Ce type de travaux permet également d'apporter de la plus-value aux logements qui font partie de la copropriété. Le remplacement d'un chauffage collectif est, par exemple, considéré comme une amélioration ;

- Les travaux d'économie d'énergie ;
- L'élection du conseil syndical ;
- La révocation du conseil syndical ;
- L'autorisation de travaux affectant les parties communes : c'est le cas par exemple de l'agrandissement d'une fenêtre dans un appartement ;
- L'installation d'un interphone ou d'un digicode.

La double majorité (dite *majorité de l'article 26*) : elle correspond à la majorité des copropriétaires de l'immeuble représentant au moins les 2/3 des voix des copropriétaires.

Exemple : dans une copropriété de dix copropriétaires (représentant au total 1000 millièmes), une décision est adoptée si six copropriétaires détenant 700 millièmes votent favorablement, soit plus des 2/3 de tous les tantièmes. Ces tantièmes sont le nombre de voix déterminé en assemblée générale pour chaque lot de copropriété (2/3 de 1000 = 667) nécessaires pour valider cette décision.

Si cette majorité est difficile à obtenir, il est possible de faire un second vote à une majorité plus simple. C'est ce que l'on appelle la double majorité. Pour que ce second vote soit possible, il faut que la résolution recueille l'approbation de la moitié des copropriétaires représentant au moins ⅓ des voix de tous les copropriétaires. La même assemblée pourra alors voter la résolution à la majorité des voix de tous les copropriétaires, c'est-à-dire à la majorité dite de l'article 25 (plus facile à obtenir).

> **Information :** l'association syndicale libre (ASL) n'est pas soumise à la loi du 10 juillet 1965. Pour connaître les majorités à appliquer, il convient de se référer aux statuts de l'ASL.

6. S'opposer à une décision d'assemblée générale portant sur des travaux

Imaginons que l'assemblée générale décide de la réalisation du ravalement de façade de l'immeuble. Dans notre exemple, vous avez voté contre cette décision, au motif que la façade ne nécessite pas d'être rénovée dans un futur proche et que, financièrement, vous n'êtes pas très à l'aise. Continuons d'imaginer que, malheureusement, la décision est adoptée malgré votre opposition. Vous pensez alors que vous êtes obligé de payer les charges aux échéances prévues dans la résolution.

> **Information :** heureusement pour vous, un système méconnu, nommé le principe des dix annuités, existe et permet de vous octroyer un crédit copropriété. Si vous avez marqué votre opposition à l'aide d'un vote "contre", vous pourrez faire valoir ce principe de crédit copropriété à 0 %. Le principe est simple : vous obligez la copropriété à vous financer le montant de votre quote-part des travaux votés sur dix années sans frais supplémentaire pour vous.

7. L'évolution de la loi et des décrets

Toutes les informations ci-dessus sont données à titre indicatif afin que vous puissiez apprécier au plus juste l'importance d'une résolution et ses conséquences. Cependant, gardez à l'esprit que les lois évoluent et se modifient au fil des évolutions de la société. Beaucoup de nouvelles lois concernant l'amélioration énergétique des bâtiments arriveront prochainement. Je vous invite à prendre connaissance régulièrement des évolutions de la loi sur Légifrance ou sur des sites de qualité supérieure et dont les informations sont vérifiées.

Chapitre II – Les problèmes les plus courants en copropriété

En copropriété, vous rencontrerez généralement toujours les mêmes problèmes. La vie en communauté est parfois prévisible et les désagréments rencontrés sont souvent plus ou moins les mêmes. Il est important que vous connaissiez ces situations, car certains copropriétaires peu scrupuleux jouent avec les limites pour tirer les situations inconfortables à leur avantage. Afin de ne pas être pris au dépourvu, je vais vous expliquer ci-dessous quelques solutions en fonction du problème rencontré. Ce chapitre sera sûrement l'un des plus importants de ce livre. Lisez-le avec attention et n'hésitez pas à revenir dessus autant de fois que nécessaire pour pouvoir parer au mieux aux problèmes rencontrés.

1. Les charges impayées

Il arrive parfois qu'on se retrouve dans un moment difficile de sa vie où les charges de copropriété ne sont pas votre priorité. Cette position est compréhensible. Sachez que le syndic peut vous aider dans ce moment compliqué en échelonnant vos charges dans le temps. Dans la plupart des cas, le gestionnaire est salarié d'une entreprise. Tout comme vous, il a probablement rencontré des moments difficiles dans sa vie.

Nous sommes tous capables de comprendre qu'il y a des moments de vie plus délicats que d'autres. Dans mon aventure de gestionnaire, j'ai vu des confrères accorder des laps de temps très importants pour le paiement des charges, lorsque les copropriétaires sont en difficultés, notamment pour des raisons de santé. J'ai vu d'autres collègues bloquer les relances quelques mois pour laisser les familles tranquilles en période de deuil. Ne restez pas silencieux dans une situation difficile. Ne vous engouffrez pas dans une position où le dialogue serait rompu.

D'autres copropriétaires peu scrupuleux jouent avec le paiement des charges pour des raisons pécuniaires qui nous échappent. Entre logique d'investisseur douteuse et marchand de sommeil, il n'y a parfois qu'un pas.

Cependant, dans l'hypothèse où vous seriez dans une période difficile de votre vie et que vous ayez peur qu'on saisisse votre appartement, je vais vous décrire ci-dessous les limites temporelles acceptables pour le paiement de vos charges et je vais vous détailler le processus de recouvrement du début à la fin.

Étape 1 : généralement, vous recevez un appel de fonds par courrier ou par voie dématérialisée. À cette étape, il est tout à fait acceptable de penser que vous pourriez ne pas le recevoir, car le courrier peut se perdre. Vous pouvez aussi effacer l'e-mail reçu par mégarde. C'est pour cela que le syndic vous relance une première fois, dans la plupart des cas gracieusement, lorsque la date inscrite sur votre appel est dépassée. Cette relance vous donne environ 15 jours supplémentaires pour payer tranquillement vos charges sans frais supplémentaires.

Étape 2 : passé ce laps de temps, vous recevez une lettre recommandée de la part du syndic, vous indiquant qu'il faut payer vos charges. Le montant facturé pour cette relance est décidé librement par le syndic. Les syndics facturent fréquemment cette lettre environ 42 €. L'objet de cette lettre est simple : elle vous invite à payer sous 15 jours supplémentaires.

Étape 3 : si vous faites un rapide calcul, vous avez environ 15 jours pour payer à réception de votre appel de fonds ordinaire, 15 jours supplémentaires pour payer après la 1ʳᵉ relance gratuite et 15 jours complémentaires à réception de la lettre recommandée. À ce stade, vous avez déjà été relancé par téléphone, par courrier et par SMS. Sans réponse de votre part, le syndic vous fera parvenir une mise en demeure, facturée environ 70 €.

Cette mise en demeure vous donne environ 8 à 15 jours supplémentaires pour payer vos charges et tous les frais de relance engagés à votre encontre. Il arrive parfois que vous receviez également le second appel de fonds trimestriel sur cette même période. Vous êtes donc redevable du premier et du second appel de fonds, de la relance à 40 € et de la mise en demeure à 70 €.

Je vous invite vivement à payer, si c'est possible pour vous. Sans réponse de votre part, le syndic mettra votre dossier entre les mains d'un avocat pour le recouvrement de votre créance. Vous recevrez donc un courrier d'avocat vous informant que sans réponse de votre part, une procédure sera ouverte à votre encontre.

Étape 4 : si vous ne payez toujours pas, une procédure s'enclenche contre vous, dans laquelle l'avocat va demander au juge le paiement de toutes les charges et de tous les frais de procédures au titre de l'article 700. Avant que le jugement à votre encontre soit rendu, le juge demandera à ce que vous passiez devant le conciliateur de justice pour épuiser toutes les voies de recours amiable.

Étape 5 : si vous n'avez toujours pas payé à ce stade, un jugement vous concernant sera rendu, généralement en votre défaveur. En parallèle, l'assemblée générale aura voté une créance douteuse et la mise à la vente de votre bien. À cette étape, vous êtes à environ six mois de la première lettre reçue. Si vous êtes de bonne foi, vous avez généralement trouvé une solution pour payer vos charges, bien avant d'en arriver là.

Étape 6 : si vous n'avez pas donné signe de vie, la décision de justice ayant été rendue, vous êtes, la plupart du temps, condamné à payer toutes vos dettes ainsi que les frais de justice associés. L'huissier chargé de la délivrance du jugement est généralement l'huissier saisi par l'avocat sur décision du juge pour faire des saisies sur votre salaire. Le juge, l'avocat et le syndic chercheront à vous aider dans le paiement des créances. L'intérêt de la copropriété n'est pas de vous pousser à la vente de votre bien.

Étape 7 : à cette étape, vous êtes à plus ou moins à un an et demi ou deux ans de créances cumulées. L'assemblée générale a anticipé votre position en votant la mise à la vente de votre appartement. Si votre dette n'est toujours pas réglée, le syndic procède à la vente de votre appartement par adjudication avec un prix minimum généralement fixé à 10 000 €.

C'est à cette étape que vous faites vos valises.

> **Information** : vous avez oublié de payer vos charges de copropriété. Votre syndic vous a adressé une relance par lettre simple et vous a facturé cette démarche. Sachez que vous pouvez contester ces frais, conformément à l'article 10-1 de la loi du 10 juillet 1965.
>
> En effet, selon ce texte, sont imputables au seul copropriétaire concerné les frais nécessaires exposés par le syndicat, notamment les frais de mise en demeure, de relance et de prise d'hypothèque, à compter de la mise en demeure, pour le recouvrement d'une créance justifiée à l'encontre d'un copropriétaire[9].
>
> En conséquence, ne peuvent vous être imputés les frais de relance engagés avant la mise en demeure.
>
> **Attention :** la loi Élan est venue amender l'article 19-2, qui instaure désormais la faculté d'exiger l'intégralité des sommes votées ainsi que les provisions travaux au copropriétaire défaillant. Cela signifie que si vous ne payez pas votre appel de charges, le syndic pourrait déclencher la procédure et exiger de votre part l'entièreté des sommes de vos appels pour l'année entière.

2. Les dégâts des eaux en copropriété

Dans votre longue vie de copropriétaire, vous allez probablement être confronté à des problèmes de fuites d'eau. La plupart des fuites trouvent leur origine dans les salles de bains, les joints des bacs à douches étant la cause la plus fréquente. Une simple cartouche de silicone et un bon doigté suffisent pourtant dans la majorité des cas à régler le problème. C'est embêtant

---

[9] C.A Paris, 03/05/2077, n°06/08323

lorsque la fuite vient de chez votre voisin, mais si vous êtes à l'origine de la fuite, la situation est encore plus délicate.

Dans de rares cas, vous pouvez être à l'origine d'une infiltration en cascade, touchant quatre ou cinq appartements à la verticale, en dessous du vôtre. Pour vous prémunir contre ces risques, je vais évoquer avec vous un des cas de figure les plus fréquents afin que vous puissiez anticiper et réagir rapidement de la bonne manière.

3. Si vous êtes infiltré ou à l'origine d'une infiltration

La première chose logique à faire est, bien évidemment, de couper l'eau si possible pour limiter les dégâts. Prenez contact avec votre voisin et votre syndic dans le cas où des parties communes seraient touchées. Si la fuite est stoppée, passez à la rédaction commune d'un constat amiable d'assurance avec votre voisin. Une expertise sera peut-être diligentée en fonction du montant des dégâts estimés et de la fréquence des sinistres rencontrés. Si votre voisin n'est pas sur place et que l'eau coule toujours chez vous, prenez contact directement avec le syndic. Il missionnera une entreprise pour couper l'arrivée d'eau de votre voisin, située la plupart du temps dans les placards techniques. Vous passerez ensuite à l'étape de la rédaction du constat avec votre voisin.

Il arrive parfois de rencontrer des copropriétaires butés qui soutiennent que la fuite ne vient pas de chez eux. Dans ce cas, demandez au syndic d'intervenir sans délai. Votre syndic sait gérer ce genre de problème. Si votre voisin sinistrant refuse d'ouvrir sa porte, il commandera une recherche de fuite en partant de l'appartement sinistré vers l'appartement sinistrant. Le plombier missionné trouvera une manière d'arrêter la fuite temporairement et rédigera un rapport qui sera remis au syndic. Si le rapport indique que votre voisin est à l'origine de la fuite, le gestionnaire prendra les dispositions nécessaires pour régler le problème en fonction de la gravité de la fuite : lettre recommandée, mise en demeure ou, dans certains cas graves, une demande de référé pour pénétrer dans l'appartement et faire réparer la fuite, avec ou sans l'accord du voisin.

4. Qui paie les factures d'intervention ?

Si votre voisin est à l'origine de votre infiltration et qu'il téléphone de lui-même au plombier pour réparer la fuite, le problème est clos. De votre côté, vous serez remboursé par votre assurance personnelle des dégâts occasionnés chez vous par la fuite. La convention IRSI (**i**ndemnisation et de **r**ecours des **s**inistres **i**mmeuble) établie en juin 2020 vient faciliter la prise en charge de la facture de recherche de fuite.

> **Information :** une recherche de fuite organisée par le syndic et dont l'origine se trouve dans des parties privatives doit être prise en charge par l'assurance du copropriétaire à l'origine de l'infiltration.

Dans une circulaire du 11 mars 2022, la GCA (**g**estion des **c**onventions d'**a**ssurance) apporte certaines précisions concernant l'application de la convention IRSI. Cette circulaire indique que lorsque le syndic a dû réaliser plusieurs recherches de fuite avant que la fuite ne soit localisée dans une partie privative d'un copropriétaire, il appartient à l'assurance du copropriétaire en question de prendre en charge l'ensemble des factures des différentes opérations de recherche.

Il y a quelques années, la prise en charge de la facture de recherche de fuite posait problème. Maintenant, c'est plus simple. Gardez en tête que si le syndic est le donneur d'ordre, c'est au copropriétaire infiltrant de payer la facture. Même si la convention IRSI stipule officiellement que *"Les assureurs prennent en charge les recherches de fuite organisées à leur initiative ou à celle de leurs assurés"*, il est toujours très difficile de se faire rembourser. Vous trouverez en note de bas de page un lien vers la convention IRSI[10].

10

https://goodassur.com/sites/goodassur.com/files/convention-irsi.pdf - (Convention IRSI)

5. Comment l'indemnisation du préjudice est-elle prise en charge ?

En copropriété, l'indemnisation du dégât des eaux ou de tout autre sinistre diffère en fonction de sa nature et du montant des réparations. Si le montant du préjudice est supérieur à 1 600 € HT, les règles de la convention IRSI s'appliquent. En revanche, si le montant des dommages est inférieur à 1 600 € HT, c'est la compagnie d'assurance du tiers responsable du dégât des eaux (ou celle de la copropriété si le dégât provient des parties communes), qui prend en charge la facture. Enfin, pour les dommages inférieurs à 240 € HT, ils sont également à la charge de l'assurance du tiers ou de la copropriété.

Information : en copropriété depuis une dizaine d'années environ, chaque logement est équipé d'un compteur d'eau individuel, généralement situé dans les placards techniques. Dans le cas où une fuite est avérée avant votre compteur, c'est à la copropriété de prendre en charge la réparation. Dans le cas où la fuite se situe après votre compteur d'eau, c'est donc à vous qu'incombe la réparation.

---

6. Qu'est-ce que la convention CIDE-COP?

La convention CIDE COP s'applique aux dégâts des eaux survenus dans une copropriété quand ils entraînent des dommages matériels supérieurs à 1 600 € (TVA non comprise) et des dommages immatériels supérieurs à 800 € (TVA non comprise).

Sont en principe concernés par ces deux conventions, les sinistres résultant :

○ *De fuites, ruptures, engorgements, débordements ou renversements :*
- des conduites non enterrées d'eau froide ou chaude, d'évacuation des eaux pluviales, ménagères ou de vidange, de chéneaux et gouttières ;
- des installations de chauffage central, sauf les canalisations enterrées ;
- des appareils à effet d'eau (machine à laver, cumulus),

○ *D'infiltration à travers les toitures.*

Ces causes sont couvertes dans le cadre de la convention CIDRE, quand bien même elles ne seraient pas couvertes par le contrat d'assurance de la victime. Il en va différemment de la convention CIDE COP où, sauf exception, les limitations contractuelles de garantie sont applicables.

La règle est alors la suivante en cas de sinistre : l'indemnisation des dommages matériels incombe à l'assureur multirisques habitation et il verse à l'occupant une indemnité au titre des dégâts mobiliers et ceux causés aux embellissements. L'assureur de la copropriété verse, quant à lui, une indemnité au syndicat des copropriétaires pour les dommages sur les parties immobilières privatives et communes.

> **Information :** dans le vocabulaire des assurances, on parle de biens mobiliers et de tout ce qui s'apparente à des "embellissements" pour faire référence aux peintures, papiers peints, moquettes, miroirs, faux plafonds, etc. Les biens immobiliers, eux, font référence aux murs, sols, plafonds, etc.

7. Acheter un émetteur en copropriété

Vous serez sûrement amené à commander des badges, des vigiks ou des télécommandes, pour vous-même ou votre locataire. Cette action plutôt simple est la bête noire des gestionnaires de copropriétés.

À la décharge des syndics, commander un badge est très chronophage. Tout d'abord, il doit commander par téléphone et écouter le prestataire se plaindre des problèmes qu'il rencontre sur les installations sous contrat. Il doit ensuite confirmer la commande par e-mail et attendre l'aval du copropriétaire concerné par écrit pour éviter les contestations. Le gestionnaire et son assistant doivent ensuite gérer le badge reçu et vous appeler quand il arrive à l'agence. Dans certaines résidences de vacances, les copropriétaires n'ayant pas vocation à rester plus de 20 jours sur place, les badges doivent être envoyés par la poste avec tous les problèmes de logistique que cela comprend.

> **Information :** afin de gagner du temps et de l'énergie, commandez directement chez le fournisseur après avoir demandé le nom de la société au syndic. Généralement, les fournisseurs de badges n'aiment pas que vous preniez les choses en main, car cela les force à vous faire une facturation particulière. Sachez qu'ils ne peuvent pas vous refuser cette démarche. De plus en plus de syndics mettent en place ce système.

Malgré cela, vous pourriez demander au syndic de le faire pour vous, comme 99 % des copropriétaires, mais vous prenez le risque d'attendre votre télécommande 15 à 20 jours. En outre, vous ne connaîtrez le prix final qu'après réception de votre appel de charges, sur lequel sera inscrit le montant à régler. Optez plutôt pour la première solution et récupérez votre badge en moins de 48 heures. Il existe parfois des limites de badges fixées par le règlement de copropriété.

8. Les problèmes d'imputations des charges

Plus tôt dans ce livre, j'ai évoqué avec vous les imputations de charges. Dans certaines copropriétés, le conseil syndical est très à cheval sur l'entretien de la copropriété et le respect des parties communes. C'est une très bonne chose, mais vous pourriez recevoir régulièrement des courriers vous imposant de tailler votre arbre, vos haies ou même vous imposer un nettoyage ponctuel à la suite de travaux que vous auriez effectués. On pourrait vous reprocher d'avoir sali l'ascenseur et vous imputer la facture de nettoyage. Je vous rappelle que ces dépenses ne peuvent pas vous être légalement imposées.

Le seul motif pour lequel on peut vous imposer des dépenses contre votre volonté, c'est au motif du critère d'aggravation. Il était coutume d'inclure dans le règlement de copropriété cette clause, généralement rédigée ainsi : les copropriétaires qui aggraveraient les charges communes par leur fait ou celui des personnes dont ils devaient répondre, devraient supporter seuls l'intégralité des dépenses et des frais supplémentaires engagés.

Information : si cette clause est portée à la connaissance des copropriétaires en assemblée générale au titre d'un point d'information, elle n'aura aucune valeur. Si cette clause est votée à l'article 26, elle a alors une valeur juridique. Toutefois, même avec une valeur juridique, vous pouvez vous opposer à l'imputation de ces charges. Si vous marquez votre opposition, le syndicat n'aura pas d'autre choix que d'intenter une action en justice à votre encontre pour vous appliquer ces frais. Ils devront aussi faire constater juridiquement votre refus. Comprenez par là que neuf fois sur dix, le syndicat des copropriétaires n'engagera pas d'action pour
300 € de dégâts.

9. Une obligation de moyen, mais pas de résultat

Vous allez sûrement être confronté à d'autres types de problèmes en copropriété que celui des charges ou des impayés. Je fais par exemple référence aux problèmes de rongeurs, de cafards, de goélands… Pour tous les problèmes rencontrés, le syndic a une obligation de moyen. Une obligation de moyen impose au syndic de mettre en œuvre tous les moyens nécessaires à la résolution d'un problème rencontré, afin de ne pas se voir poursuivi en responsabilité civile.

Une obligation de moyen ne signifie pas une obligation de résultat. Dès lors, si des blattes sont présentes dans l'immeuble et que le syndic procède à des désinsectisations récurrentes et à la mise en place d'un contrat, il ne peut pas être poursuivi en responsabilité, même si les blattes continuent de proliférer.

Information : si vous avez des blattes, des cafards, des rats ou tout autre problème de cet ordre, vous pouvez demander à votre syndic d'agir sans délai pour vous aider. Il commandera la désinsectisation des parties communes rapidement et proposera un passage à tous les copropriétaires dans les parties privatives. Si vous en faites la demande, le syndic ne peut pas refuser une intervention de cette nature, car il en va de la salubrité du bâti.

Si le problème est localisé dans vos parties privatives, c'est à vous d'agir et de supporter le coût de l'opération. Le syndic n'intervient pas pour un problème d'ordre privatif.

10. Vérifier les comptes de la copropriété

Vous avez la possibilité de vérifier les comptes de la copropriété jusqu'à six jours avant la date de l'assemblée générale et cela, même si vous n'êtes pas au conseil syndical. Vous devez en faire explicitement la demande. La vérification se fera généralement dans les locaux du syndic. La vérification des comptes a vocation à repérer les anomalies comptables dispersées dans les comptes de l'exercice écoulé. Mauvaises attributions, mauvais libellés, mauvaise ventilation, etc., qui aurait dû être attribuée à un copropriétaire. Réuni en conseil syndical, le syndic apporte les documents à examiner avec les conseillers syndicaux :

- Le relevé général des dépenses et l'ensemble des factures de l'exercice. ;
- Les annexes comptables.

Voyons en détail les documents mis à votre disposition :

Le relevé général des dépenses est un relevé de comptes regroupant toutes les dépenses de l'année écoulée réparties par catégories (clés). Il y a des catégories pour chaque bâtiment et pour chaque type de charges. Une dépense au bâtiment C n'ira pas dans la même case qu'une dépense au bâtiment A. La catégorisation des charges sert donc à répartir correctement les dépenses par bâtiment. Je vous invite également à vérifier les ordres de services qui doivent toujours être joints aux factures. Vous pourrez ainsi vérifier que le montant facturé dans le relevé général de dépense correspond bien à la facture et à la mission demandée par le syndic.

Les annexes comptables sont un ensemble de documents regroupant des informations comptables détaillées sur l'exercice écoulé. Afin de mieux comprendre les informations réunies, vous trouverez ci-dessous les détails :

❖ Annexe 1 : la santé financière de votre copropriété

Cette première annexe comptable résume la santé financière de la copropriété et permet d'établir un comparatif avec l'année précédente. Elle est séparée en deux parties :

La situation financière et la trésorerie :
- Les comptes de trésorerie : ce qu'il y a sur le compte bancaire de la copropriété à l'instant T (cette donnée doit toujours être positive).
- Les provisions et avances : ce que les copropriétaires ont déjà versé hors budget d'exploitation et qui n'est pas encore consommé (appels de fonds travaux…).

Les créances et dettes de la copropriété :
- o Les créances : ce que la copropriété espère encaisser sous peu (ce qui devrait entrer sur le compte prochainement).
- o Les dettes : l'argent que la copropriété devra décaisser sous peu (ce qui devrait sortir du compte prochainement).

❖ **Annexe 2 : le suivi synthétique de votre budget d'exploitation et des opérations exceptionnelles**

Cette deuxième annexe permet d'avoir une vision des charges de la copropriété par nature (exemple : l'électricité) et non par clé de répartition. Elle permet de vérifier si la copropriété n'a pas dépensé plus que le budget voté. Elle se sépare aussi en deux parties :

Les charges et produits pour opérations courantes :
- o Les charges pour opérations courantes : charges d'exploitation générées par l'exécution du budget, c'est-à-dire les dépenses courantes.
- o Les produits pour opérations courantes : total des quittancements mensuels au titre du budget d'exploitation, c'est-à-dire les recettes courantes.

Les charges et produits pour travaux et autres opérations exceptionnelles :

- Les charges pour travaux et autres opérations exceptionnelles : dépenses qui ne rentrent pas dans le budget (sinistres, travaux sur appel de fonds clôturés).
- Les produits pour travaux et autres opérations exceptionnelles : recettes qui ne rentrent pas dans le budget (indemnités d'assurance, quittancement des appels de fonds clôturés).

❖ Annexe 3 : le suivi détaillé de votre budget d'exploitation par clé de répartition

La troisième annexe permet d'avoir une vision des charges courantes par destination, c'est-à-dire par clé de répartition (exemple : l'électricité de l'ascenseur, les honoraires de syndic, l'entretien des espaces verts, etc.). Elle vous permet de visualiser plus précisément ce que la copropriété a payé et les évolutions des charges courantes sur un cycle de quatre ans : l'année précédant l'année à approuver (N-1), l'année à approuver (N), l'année en cours (N+1) et l'année à venir (N+2).

❖ Annexe 4 : le suivi détaillé des opérations hors budget par clé de répartition

La quatrième annexe permet d'avoir une vision des charges exceptionnelles par destination, c'est-à-dire par clé de répartition. Cela vous permet de visualiser plus précisément ce que la copropriété a payé au titre des dépenses exceptionnelles (travaux et autres opérations exceptionnelles). Il s'agit des travaux votés en assemblée générale, mais qui ne sont pas inclus dans l'entretien courant de la copropriété.

❖ Annexe 5 : le suivi des investissements votés par l'assemblée générale

Cette annexe vous permet de suivre avec précision la réalisation de chaque appel de fonds et donc, de suivre les gros travaux qui s'étalent sur plusieurs années. Elle permet de vérifier six montants :

Les travaux votés en assemblée générale ;
Les travaux payés (sommes versées au fournisseur) ;
Les travaux réalisés (sommes facturées par le fournisseur) ;
Les appels de travaux, emprunts et subventions reçus ;
Le solde en attente sur travaux ;
Les subventions et emprunts à recevoir.

En conclusion, beaucoup d'erreurs se glissent dans le relevé général des dépenses, mais aussi dans les annexes comptables. Je vous invite à vérifier les comptes, même si vous n'êtes pas membre du conseil syndical, car il arrive que des petites coquilles se glissent dans les comptes. Avec le temps, vous serez plus vigilant et plus apte à repérer les erreurs.

PARTIE IV – Rénover, louer et vendre en copropriété

Si vous avez un projet de rénovation ou d'investissement, cette partie vous est dédiée. Nous allons évoquer ensemble les grands volets de l'optimisation de votre bien en copropriété afin qu'il soit confortable et profitable. Premièrement, nous verrons comment organiser et gérer des travaux en copropriété afin d'anticiper le coût potentiel de votre projet dans sa totalité. En tant que futur potentiel bailleur, il est nécessaire de savoir comment exploiter au mieux votre appartement ou votre maison sans troubler le voisinage. Une sous-partie entière sera dédiée à la gestion du locataire. À travers cette partie, vous allez acquérir aussi tout le savoir nécessaire pour vendre votre bien au meilleur prix. En conclusion, vous saurez comment œuvrer intelligemment pour préserver la quiétude du voisinage tout en exploitant votre bien au maximum. À la fin de cette partie, je vous donnerai aussi des astuces pour que toutes vos demandes soient entendues et exécutées plus rapidement auprès du syndic si nécessaire.

Chapitre I – Faire des travaux en copropriété sans se faire d'ennemi

1. Faire des travaux en copropriété

En copropriété, des règles précises et contraignantes s'appliquent pour la réalisation des travaux, en intérieur ou en extérieur. Par le terme "travaux", comprenez la notion de bruit fort, constant et dérangeant, entrecoupé de brèves pauses, par exemple, la durée des coups de marteau, d'une scie et d'une ponceuse varie entre un et 15 jours. Évidemment, ce n'est pas la définition du dictionnaire, mais la définition que j'en ai déduite de mon expérience professionnelle. Les travaux en copropriétés sont difficiles à vivre pour vos voisins. La proximité des habitations rend le bruit plus présent et plus inquiétant quand votre voisin essaie de regarder la télé avec, en fond, votre bruit de perceuse. Vos voisins pourraient avoir l'impression que vous êtes en train de découper une ouverture dans le mur porteur pour accéder à son appartement.

Les règles pour la réalisation des travaux en copropriétés sont parfois difficiles à accepter, mais elles sont essentielles pour le bien-être de tous. Plusieurs facteurs entrent en compte : les règles que vous devrez suivre dépendent des régions de France et des subtilités applicables au règlement de copropriété de votre résidence.

2. Bénéficier des aides pour faire des travaux de rénovation énergétique

À l'heure où j'écris ce livre, de nombreuses aides de l'État sont mises en place pour faciliter la transition énergétique. Vous pouvez ainsi obtenir des aides de l'ANAH et d'autres aides nationales, régionales ou communales, pour effectuer des travaux de rénovation.

Il existe des subventions que vous pourriez recevoir à titre personnel et qui vous aideront pour améliorer l'intérieur de votre logement :

- amélioration du système de ventilation ;
- installation de thermostats ;
- isolation des murs de votre logement ;
- changement du système de chauffage pour un système plus performant.

Ces travaux sont réalisables dans vos parties privatives, sans l'aval de l'assemblée générale, à condition qu'aucune partie commune ne soit touchée. Si vous décidez d'installer une douche à l'italienne, vous touchez une partie commune (dalle). Dans ce cas, l'aval de l'assemblée générale est en théorie nécessaire.

Pour démarrer les travaux, remplissez les formulaires disponibles sur le site "*Ma prim renov'*"[11]. À l'aide du questionnaire en ligne, vous saurez rapidement le montant qui peut vous être attribué pour

---

[11] https://www.maprimerenov.gouv.fr

vos travaux. Les travaux devront être réalisés par des entreprises qualifiées RGE. Un professionnel RGE est un artisan spécialisé dans les travaux de rénovation énergétique. Il dispose d'une certification reconnue par l'État dans un domaine spécifique (isolation des combles, changement des fenêtres, installation d'une chaudière biomasse). Généralement, on vous demande d'avancer l'argent des travaux pour percevoir la compensation sur présentation des factures.

> À partir de 2023, tous les logements dits "passoires énergétiques" devront réaliser des travaux d'amélioration. Dans le cas où les travaux ne seraient pas réalisés, il sera impossible de mettre votre bien à la location. Je vous invite aussi à faire attention aux permis de louer qui se répandent dans les agglomérations de petites et moyennes tailles, surtout dans les vieux centres-villes. Ils ont pour but de vérifier que le logement est décent.

3. Que dit la loi sur l'heure légale des travaux à l'échelle nationale ?

Les travaux peuvent causer des nuisances sonores, parfois olfactives ou encore des difficultés d'accès aux différentes zones de l'immeuble, si vous entreposez des affaires dans les couloirs. Les règles concernant les horaires de travail sont donc cruciales pour le confort de tous. En France, le conseil national du bruit est l'instance juridique chargée de contrôler les plages horaires associées aux durées des travaux.

Cependant, les travaux doivent surtout relever du bon sens.

La législation des horaires de travaux existe pour éviter la majorité des nuisances, mais elle appelle également à la logique de chaque copropriétaire. Par exemple, si l'une de vos voisines est assistante maternelle et qu'elle garde des enfants pendant la journée, elle serait en droit de vous demander de décaler vos heures de travaux. Il s'agit donc de bien se renseigner en amont et d'écouter les requêtes de votre voisinage.

4. Quels sont les horaires autorisés pour les travaux ?

Le conseil national du bruit a défini une plage horaire pour les travaux en copropriété, en distinguant les travaux de gros œuvre et les petits travaux de bricolage. Les travaux lourds sont autorisés entre 7 h et 20 h, du lundi au samedi seulement. Les travaux ponctuels et moins invasifs peuvent être réalisés :

- ❖ du lundi au vendredi de 8 h à 12 h, puis de 14 h 30 à 19 h ;
- ❖ le samedi, entre 9 h et 12 h, puis de 15 h à 19 h ;
- ❖ le dimanche, de 10 h à 12 h.

5. La réglementation pour les travaux le dimanche

En copropriété, les travaux sont interdits le dimanche et cela, peu importe leur nature. Toutefois, pour les petits travaux légers, les horaires dépendent de ce qui est en vigueur dans la préfecture, la commune ou dans le règlement de copropriété. Pour les copropriétés horizontales, les petits travaux sont tolérés. En immeuble, dans la majorité des cas, les travaux sont interdits, sauf cas de force majeure. Les seuls travaux que vous pourriez réaliser dans votre appartement sont ceux qui ne font pas de bruit, tels que la peinture.

> Évidemment, dans le cas où des travaux urgents ou importants seraient nécessaires, il vous est tout à fait possible de les réaliser sans délai. Ici, je fais référence à des travaux, tels qu'un mur qui s'effondre, un plafond qui menace de tomber ou une très grosse fuite d'eau. Cette liste est non exhaustive. Pour rappel, en cas de danger pour la vie des personnes, appelez les pompiers, la police, le SAMU et ensuite, le syndic.

6. Comment faire constater une nuisance sonore

Le respect des horaires autorisés pour réaliser des travaux évite tout litige avec le voisinage. Il arrive cependant que des copropriétaires se plaignent : pour être qualifié de nuisance sonore, un bruit doit être intense, long et/ou répété. Même si les heures de travaux légales sont respectées, ils sont en droit de demander une cessation des activités. Concernant les démarches, il faut commencer par vérifier le règlement de copropriété et ce qu'il indique en termes de règles relatives au bruit dans l'immeuble. La notion d'horaire restant indicative, commencez donc toujours par informer le copropriétaire de la nuisance qu'il occasionne. Il est possible qu'une bonne communication suffise à régler le litige.

Information : prévenir le voisinage en amont permet d'éviter beaucoup de désagréments et d'éviter les conflits. Il est utile de les consulter concernant les horaires de travaux qui les dérangent le moins.

7. Que faire en cas de non-respect des horaires de travaux ?

Si l'un des copropriétaires ne respecte pas les horaires légaux de travaux et devient trop bruyant, il existe des recours :

- ❖ Contacter le syndic de copropriété pour enclencher une résolution à l'amiable. Cela permet de régler le problème sans tiers juridique, de dialoguer et de trouver un compromis.
- ❖ Envoyer un courrier recommandé avec accusé de réception au copropriétaire en faute pour lui rappeler les règles de la copropriété et lui

demander de changer de comportement. Demandez au syndic de faire la même chose.
- ❖ Contacter son assurance pour lui demander de se mettre en relation avec le propriétaire qui fait trop de bruit. Elle peut servir de médiation entre les deux parties.
- ❖ Appeler la police ou les gendarmes pour faire constater le trouble subi et, éventuellement, déposer une plainte. L'amende pour tapage est de 68 €.
- ❖ Saisir le maire si les problèmes continuent, car le maire a l'obligation de garantir la tranquillité des habitants de sa commune.
- ❖ Saisir la justice en dernier recours en faisant appel à un huissier de justice ou un conciliateur de justice pour mener l'affaire au tribunal.

Information : dans le sud de la France, il est généralement interdit de faire des travaux pendant la période estivale, allant du 20 juin au 15 septembre. Si vous aviez prévu de faire des travaux de rénovation dans votre appartement, il faudra attendre la fin de la saison pour laisser chanter votre perceuse. À l'inverse, dans les stations de ski, le laps de temps prohibé couvre la période de forte affluence, qui va de décembre à février.

8. Le prêt en copropriété pour les travaux décidés en assemblée générale :

Lorsque les travaux dépassent 2 000 € par personne, le syndic propose un prêt copropriété lors de l'assemblée générale. Le vote se fait généralement à la même majorité que les travaux. Le prêt copropriété peut être mis en place lorsqu'au moins deux copropriétaires le demandent et cela, peu importe la taille de la copropriété. Pour accéder à ce prêt, il n'y a pas de conditions de revenus. C'est le syndic qui met votre dossier en place et qui le soumet à la banque. Généralement, c'est la Caisse d'épargne Île-de-France qui concentre la majorité des prêts copro.

Les mensualités sont payées par le syndic. Votre mensualité apparaît ensuite sur votre compte de charges. Comme tous les prêts, il est nominatif. Vous aurez un tableau d'amortissement à votre nom. En cas de vente de votre bien, vous devrez rembourser l'intégralité du prêt.

Chapitre II – Avoir un locataire en copropriété

1. Choisir un locataire

Il existe de très bons livres qui vous expliquent toutes les subtilités sur le choix des locataires. Je pourrais vous expliquer toutes ces choses, mais il faudrait un second livre, entièrement consacré à ce sujet. Dans cette partie, je vais vous donner les clés essentielles qui vous suffiront largement à faire le bon choix. Pour rappel, en France, il est interdit de discriminer un locataire par rapport à son faciès, son origine nationale ou ethnique, son apparence physique, son sexe, son âge ou son orientation sexuelle. Ce délit est puni d'une amende pouvant aller jusqu'à trois ans d'emprisonnement et 45 000 € d'amende.

2. Un locataire qui correspond aux attentes de l'immeuble

Si l'immeuble comporte une majorité de personnes retraitées ou quinquagénaires, il est préférable que votre locataire ne soit pas un fêtard invétéré qui adore inviter des gens à faire la fête dans son nouveau 15 m². Dans ce cas, vous allez vous retrouver avec une pétition à l'encontre de votre locataire et un pugilat de remontrances contre vous lors de la prochaine assemblée générale. Dans la mesure du possible et au regard de la loi, privilégiez toujours quelqu'un en phase avec les habitants de l'immeuble.

Un autre exemple que je peux vous donner, ce sont les locataires qui sont les fervents admirateurs de voitures. Évitez les locataires avec trois voitures si vous n'avez pas de places de parking privatives dans votre copropriété. Votre locataire risquerait de prendre des places qui ne sont pas à lui, avec le risque d'assumer les remontrances des voisins sur les places volées.

Il est évident que vous ne louerez pas un appartement de 15 m^2 à une famille de trois personnes, même si elles le souhaitent. On préconise généralement 10 m^2 pour une personne minimum, 16 m^2 pour deux personnes et 9 m^2 complémentaires par personne supplémentaire.

3. Beau et pas cher, ou moche et robuste ?

Lorsqu'on fait de la location, le plus important n'est pas le prix que vous mettrez dans vos meubles, mais plutôt la durabilité de vos installations. Les locataires ne font pas très attention aux équipements, c'est une douloureuse réalité. Privilégiez toujours du matériel robuste qui dure dans le temps, même s'il est moins beau. Les plaques de cuisson, les plans de travail et les lits à lattes sont les proies favorites des locataires les moins soigneux. Préférez toujours du matériel qui résiste aux chocs, qui résiste à une casserole d'eau bouillante posée sur le plan de travail ou des lits sans lattes, sur lesquels vous savez qu'ils se mettront debout pour tuer la petite bête au plafond.

Dans le même registre, je vous invite à peindre votre appartement en blanc afin qu'il convienne à tous les potentiels locataires. Utilisez une peinture lavable de préférence, même si vous devrez sûrement repeindre entre deux locataires. Vous trouverez toujours du blanc en magasin, alors qu'une retouche sur un mur vert d'eau ou chêne blanc est plus difficile à réaliser. Pour le sol, je vous conseille d'installer un linoléum passage intensif. Avec un carrelage, vous vous exposez à ce qu'il fasse tomber quelque chose qui va fissurer vos carreaux. Le revêtement plastique est moins beau, mais plus résistant et facilement changeable.

4. Les bons comptes font les bons locataires, récupérez les charges

Si vous avez été locataire dans votre vie, vous avez sûrement payé un loyer ainsi que des charges. Peut-être même qu'en fin d'année, vous avez reçu une régul' de charges de la part du propriétaire, à son avantage bien sûr. Vous avez peut-être même payé la taxe d'ordures ménagères en plus des charges. Mais savez-vous réellement à quoi correspondent les charges et qui décide de ce que vous devez payer ?

En copropriété, les propriétaires ont le droit de défalquer les charges de copropriété à leur locataire. En principe, les charges payées par le locataire correspondent aux frais d'entretien des éléments de la copropriété qu'il peut utiliser au quotidien.

> **Information :** heureusement, la loi est bien faite et une liste exhaustive des charges imputables aux locataires est définie par le décret de 1987 et encadré par la loi de 1989. Je vous invite à lire les textes de référence[12].

Ci-dessous, la liste des charges que vous retrouverez également sur le site du service public[13] :

Si la copropriété comporte un ascenseur ou un monte-charge

- L'électricité ;
- L'exploitation de l'appareil (visite périodique, nettoyage, examen semestriel des câbles, tenue d'un dossier par l'entreprise d'entretien mentionnant les visites techniques, incidents) ;
- fourniture de produits ou petit matériel d'entretien (chiffons, graisses et huiles nécessaires, lampes d'éclairage de la cabine) ;
- menues réparations de la cabine (changement de boutons d'envoi, paumelles de portes), des paliers (ferme-portes mécaniques, électriques ou pneumatiques) et des fusibles.

Pour l'eau froide, l'eau chaude et le chauffage collectif

---

[12] https://www.legifrance.gouv.fr/loda/id/LEGITEXT000006066149/

[13] https://www.service-public.fr/particuliers/vosdroits/F947

- eau froide et chaude de l'ensemble des occupants en cas de compteurs divisionnaires ;
- eau nécessaire à l'entretien courant des parties communes, y compris la station d'épuration ;
- eau nécessaire à l'entretien courant des espaces extérieurs.
- produits nécessaires à l'exploitation, à l'entretien et au traitement de l'eau ;
- fourniture d'énergie, quelle que soit sa nature ;
- exploitation des compteurs généraux et individuels et à l'entretien des épurateurs de fumée ;
- réparation des fuites sur joints.

Installations individuelles

- chauffage et production d'eau chaude ;
- distribution d'eau dans les parties privatives (contrôle des raccordements, réglage de débit et températures, dépannage, remplacement des joints cloches des chasses d'eau).

Pour les parties communes intérieures

- électricité
- fourniture de produits d'entretien (balais et sacs nécessaires à l'élimination des déchets) et de produits de désinsectisation et désinfection ;
- entretien de la minuterie, des tapis, des vide-ordures ;

- réparation des appareils d'entretien de propreté, tels que l'aspirateur ;
- frais du personnel d'entretien.

Pour les espaces extérieurs

- voies de circulation ;
- aires de stationnement ;
- abords des espaces verts ;
- équipements de jeux pour enfants.

Les taxes et redevances

- taxe ou redevance d'enlèvement des ordures ménagères ;
- taxe de balayage ;
- redevance assainissement.

5. Comment payer ou réclamer les charges sans tension

Le paiement des charges se fait par provision. Une provision est une avance régulière du même montant, payée généralement en même temps que le loyer. En fin d'année, le propriétaire réalise une régularisation annuelle avec son locataire. Le propriétaire envoie ensuite la régule de charges à son locataire. Il est évident que le montant des charges récupérées par le propriétaire doit être justifié.

Il est évident aussi que le montant des provisions n'est pas fixé aléatoirement. Il est défini sur la base des résultats antérieurs arrêtés lors de la précédente régularisation de charges ou, si le logement est situé dans un immeuble en copropriété, du budget prévisionnel envoyé par le syndic en fin d'année.

6. Comment faire pour calculer la régule de charges ?

Les charges doivent être régularisées au moins une fois par an, généralement à la date anniversaire du bail, en comparant le total des provisions déjà demandé par le propriétaire au locataire, avec les dépenses engagées par le propriétaire pendant l'année.

Dans le cas où le propriétaire aurait perçu plus d'argent que nécessaire, il doit en théorie reverser le trop-perçu au locataire. Dans le cas contraire, le propriétaire demande un complément en le justifiant, avec le relevé général des dépenses qu'il reçoit en fin d'année, lors de la régularisation des comptes.

Un mois avant la régularisation annuelle, le propriétaire doit communiquer au locataire les informations suivantes :

- Décompte des charges locatives par nature de charges (électricité, eau chaude, eau froide, ascenseur...).
- Mode de répartition entre les locataires si le logement est situé dans un immeuble collectif.
- Note d'information sur le mode de calcul lié au chauffage et à la production d'eau chaude.

Sur simple demande du locataire, le propriétaire doit transmettre le récapitulatif des charges du logement, par mail ou par courrier. Durant les six mois suivant l'envoi du décompte, le propriétaire doit tenir à la disposition du locataire l'ensemble des pièces justificatives. En cas de difficultés à payer ses charges, le locataire peut demander au propriétaire des délais de paiement. Si le locataire et le propriétaire ont du mal à discuter, il est possible de faire appel (gratuitement) à un conciliateur de justice pour qu'il les aide à trouver ensemble la meilleure solution.

7. Gestion locative ou gestion en direct, de propriétaire à locataire

Pour être honnête, il n'y a pas une solution infaillible et plus avantageuse que l'autre. Le choix dépend surtout de votre situation personnelle. La distance à laquelle vous êtes du bien en location jouera un rôle essentiel dans le choix de la solution à adopter. Un professionnel qui aime son métier et avec qui vous aurez un bon contact fera du mieux possible pour vous satisfaire. Dans le cas où vous opteriez pour une autogestion, je suis sûr que le résultat sera très satisfaisant également, à condition d'être consciencieux. Ci-dessous, je vous ai répertorié les avantages et les inconvénients des deux modes de gestion :

Les avantages de la gestion professionnelle :

- Une expérience client à votre service :
  Dans la plupart des cas, un bon professionnel sait faire la différence entre un bon et un mauvais locataire. Il vérifie les dossiers, les cumuls des fiches de paie, il pose les bonnes questions au bon moment. Il a de nombreux petits indicateurs qui lui indiquent si le locataire peut correspondre à vos attentes.
- Une expérience de gestion à votre service :
  Un gestionnaire locatif sait comment gérer votre bien et préserver ses équipements. Normalement, il n'est pas censé engager des travaux sans votre accord, sauf en cas d'urgence. Par travaux, comprenez le changement d'un robinet, d'un bac à douche fendu ou une sonnette qui ne fonctionne plus.

- Une expérience de terrain à votre service :
  Le professionnel de l'immobilier connaît son secteur. Il est en mesure de vous donner le juste prix pour votre bien. Il est aussi capable de vous aider à trouver rapidement un locataire, grâce à son portefeuille clients en perpétuelle évolution.

Les désavantages de la gestion professionnelle :

- Une gestion qui vous coûte de l'argent :
  En moyenne, les frais de gestion sont de 6 % à 7 % du montant de votre loyer mensuel. Parfois, il faut encore rajouter à cela l'assurance loyer impayé, qui avoisine les 3 %. Vous aurez donc une ponction mensuelle de 10 % de vos loyers.

- Une gestion qui n'est pas toujours à votre image :
  Le mandat de gestion confère au professionnel beaucoup de pouvoir sur votre bien. Il peut présélectionner les dossiers des potentiels locataires et vous laisser choisir parmi un choix restreint, qu'il jugera financièrement recevables. Dans d'autres cas, il peut choisir un locataire pour vous, sans vous consulter. Je précise que vous l'engagez aussi pour ce service. Il peut aussi, si nécessaire, valider des travaux si cela se révèle nécessaire en cas d'urgence. Il doit aussi vous représenter à l'assemblée générale annuelle.

- Une gestion en demi-teinte :
  Malheureusement, il arrive parfois que vous confiiez votre bien à une agence et que celle-ci n'ait pas la même vision que vous. Cela se traduit par une prise de mandat et un abandon de votre bien en vitrine. Voire pire : votre bien

pourrait servir de levier pour un autre bien en gestion, plus lucratif pour le professionnel.

Les avantages de la gestion directe :

- Une gestion qui ne vous coûte rien :
  Évidemment, si vous ne faites pas appel à un professionnel, vous ne payerez aucun frais de service. Vous pouvez quand même, si vous le souhaitez, contracter une assurance loyers impayés. Dans ce cas, libre à vous de choisir celle qui vous conviendra le mieux. Lors de votre choix, faites attention aux tarifs alléchants qui cachent parfois de mauvaises surprises. La condition la plus importante, à mon sens, est le temps minimal de carence avant le paiement de vos loyers et les conditions drastiques pour accepter un dossier de locataire en garantie.

- Un locataire que vous choisirez vous-même :
  Vous aurez le choix du locataire. C'est à vous d'analyser le dossier et la personne qui le porte dans son ensemble. Il vous faudra analyser la situation familiale, la régularité des revenus, la cohérence du projet. Vous serez donc la seule personne à porter la responsabilité d'un bon ou d'un mauvais choix.

- Vous choisirez seul le montant du loyer :

Personne ne vous dira si le prix de votre location est trop élevé pour pouvoir louer plus vite. Personne ne vous tiendra tête sur un prix de marché au mètre carré que vous trouverez injuste par rapport aux travaux que vous aurez effectués.

<u>Les désavantages de la gestion directe :</u>

- Vous serez seul à affronter les problèmes courants :
  Vous allez découvrir seul les problèmes d'impayés, les discussions interminables pour trouver un consensus avec votre locataire qui ne répond pas à vos appels. Vous serez également seul face aux problèmes de vacances locatives et aux incohérences du prix de votre location et le prix du marché.
- Vous serez seul à gérer la comptabilité de votre location :
  Il vous faudra apprendre à faire la différence entre tous les statuts de sociétés. Vous serez également confronté aux problèmes fiscaux : location nue/location meublée, etc.

Pour conclure, nous pourrions débattre longtemps sur l'autogestion ou la gestion par un professionnel. Au fond, les deux possibilités sont viables. La différence se fera surtout sur le volume de biens à gérer. Un conseil : si vous avez un ou deux biens, il est préférable de les gérer par vous-même si vous pensez être capable de le faire. Vous pourrez ainsi apprendre un maximum de choses sur la gestion en vous confrontant directement aux aléas de la gestion locative. En revanche, si vous pensez ne pas être en mesure de le faire, faites le choix de confier votre bien à un professionnel en expliquant correctement vos besoins. Quand vous arriverez à un volume de biens importants (à partir de cinq appartements éloignés les uns des autres), je vous invite à passer par un ou des professionnels. Vous gagnerez du temps. Il est erroné de croire que l'immobilier est un revenu passif.

8. Assurance loyers impayés

Il faut casser le mythe dès maintenant : l'assurance loyers impayés n'est pas une garantie contre tout. Sa protection est limitée dans le temps et elle ne couvrira pas toutes vos pertes. Généralement, vous devrez faire face à un ou deux mois de carence. Pendant ces deux mois, vous devrez assumer seul les pertes sèches. Une garantie loyer impayé a également une action limitée dans le temps. En moyenne, elle est effective pendant 18 à 24 mois maximum. Au-delà, vous devrez assumer seul les pertes financières.

L'assurance loyers impayés est une entreprise lucrative et une entreprise aura toujours vocation à gagner de l'argent. Si vous avez triché sur le dossier de votre locataire, n'espérez rien de votre assurance, elle fera tout pour se dégager de ses obligations synallagmatiques.

9. Comment estimer la valeur pour la revente de votre bien

Il existe plusieurs méthodes pour estimer la valeur d'un bien lors de sa vente. Voici quelques étapes à suivre :

- Faites une recherche de marché : examinez les annonces immobilières dans votre quartier pour voir les prix demandés pour des appartements similaires au vôtre, en prenant en compte la taille, de l'emplacement, de l'ancienneté et des caractéristiques de l'appartement.

- Consultez au moins deux agents immobiliers : un agent immobilier expérimenté sera en mesure de vous donner une estimation de la valeur de votre appartement en se basant sur sa connaissance du marché local et sur les ventes récentes d'appartements similaires.

- Croisez les données de vos recherches avec les prix communiqués par les professionnels. Vous pouvez utiliser un outil qui vous permet de vérifier les prix exacts auxquels les biens de votre quartier se sont vendus[14].

---

[14] https://app.dvf.etalab.gouv.fr/

Conclusion

J'ai pris beaucoup de plaisir à écrire ce livre pour vous. J'ai consacré énormément d'heures à sa rédaction et encore plus à condenser et à regrouper les informations importantes pour qu'elles soient facilement accessibles et dépourvues de fioritures. Mon but était d'écrire un ouvrage que vous pouvez lire en moins de trois heures et dans lequel toutes les informations importantes sont présentes. J'ai vulgarisé certains propos et j'ai simplifié quelques lois. Paradoxalement, j'ai complexifié quelques situations pour que vous puissiez entrevoir tout le spectre des problèmes auxquels vous pourriez malheureusement être confronté.

J'espère que cette lecture vous a apporté un maximum d'informations sur la vie en copropriété. J'aurais aimé développer davantage, entrer dans des explications techniques et juridiques, mais cela n'aurait eu aucun intérêt. À quoi bon écrire un livre de 200 pages que vous ne finirez jamais et que vous abandonnerez sur votre table de chevet. Nous sommes tous pareils, très motivés au début et beaucoup moins à la fin…

Je voudrais surtout profiter de cette conclusion pour vous faire passer un dernier message très important. Le monde de l'immobilier est en perpétuelle évolution et les personnes qui le composent sont d'une diversité infinie. Il est coutume de croire que l'immobilier se résume à de la pierre, mais ce n'est que le début d'un monde immense. Si vous prenez plaisir à vous plonger dans ce monde et peut-être même à faire carrière dans ce domaine, vous comprendrez très vite qu'il est composé d'une multitude de strates. Vous allez croiser des propriétaires aisés, d'autres beaucoup moins. Vous rencontrerez des investisseurs avec un capital sympathie énorme et d'autres, complètement dépourvus de sens moral, pour qui l'argent compte plus que tout le reste. Vous rencontrerez des locataires adorables, avec qui vous créerez des amitiés et d'autres qui n'auront aucun scrupule à ne pas vous payer.

Je tiens aussi à vous informer que je crée actuellement une formation qui a pour objectif d'aider les personnes dans la construction de leur projet. J'ai toujours eu à cœur d'enseigner. Mon parcours universitaire me destinait à devenir professeur. L'enseignement restera une vocation pour moi. Cependant, le destin m'a poussé dans le monde de l'immobilier, dans lequel j'ai beaucoup de plaisir à travailler tous les jours.

Mon dernier paragraphe est destiné à mes proches qui m'ont soutenu dans mon parcours. Je remercie Anaïs, ma femme, pour son soutien sans faille. Elle a toujours su me motiver et trouver les bons mots. J'ai aussi une profonde gratitude pour mes parents, ma sœur et mon neveu, qui ont toujours été de très bon conseil. Ils m'ont aidé à être qui je suis. Je ne vous oublie pas non plus, chers lecteurs. C'est grâce à vous que cet ouvrage existe. Si ce livre change la vie d'une seule personne sur cette planète, j'aurai atteint mon objectif.

ANNEXES

Liste des points à vérifier avant et pendant la visite

Avant la visite

1. Est-ce que le montant des charges est inscrit dans l'annonce avec la fréquence des paiements ?
   ☐ OUI   ☐ NON

2. Est-ce que le diagnostic de performance énergétique est supérieur ou égal à E ?
   ☐ OUI   ☐ NON

3. Est-ce que des travaux importants ont été voté à la dernière assemblée générale ?
   ☐ OUI   ☐ NON

4. Est-ce que la copropriété fait l'objet de procédure judiciaire ?
   ☐ OUI   ☐ NON

5. Est-ce que la copropriété a beaucoup de débiteurs ?
   ☐ OUI   ☐ NON

Pendant la visite

6. Est-ce que la surface en mètres carrés Carrez correspond à la surface annoncée ?
   ☐ OUI   ☐ NON

7. Est-ce que le compteur d'eau est un divisionnaire ?
   ☐ OUI   ☐ NON

8. Est-ce que le compteur électrique est dans l'appartement ?
   ☐ OUI   ☐ NON

9. Est-ce que la personne qui vous fait visiter détient les relevés de charges et les derniers procès-verbaux ?
   ☐ OUI   ☐ NON

10. Est-ce que le jardin est privatif ou est-il qualifié de partie commune spéciale ?
    ☐ OUI   ☐ NON

Calculer la rentabilité d'un bien

Calculez la rentabilité nette

Le rendement net d'un appartement en location peut être calculé en ajoutant les charges et la taxe foncière au ratio de rendement locatif brut (TRLB) :

1. Calculez le TRLB en divisant le revenu locatif annuel (loyers perçus) par le coût d'acquisition de l'appartement (prix d'achat + coûts d'amélioration).
2. Ajoutez les charges locatives annuelles, telles que les frais d'entretien, les coûts de gestion et les assurances.
3. Soustraire la taxe foncière annuelle de votre revenu locatif net.
4. Divisez le revenu locatif net par le coût d'acquisition pour obtenir le rendement net.

Par exemple, si l'appartement coûte 150 000 €, les loyers perçus sont de 12 000 € par an, les charges annuelles sont de 2 000 € et la taxe foncière est de 1 000 €, le rendement net serait de 7,33 %.

Il est important de noter que le rendement net est un indicateur de la rentabilité de l'investissement, mais il ne prend pas en compte d'autres facteurs, tels que les fluctuations du marché immobilier ou les risques locatifs. Il est donc important d'étudier l'ensemble des facteurs avant de prendre une décision d'investissement.

Calculer le coûts des travaux

Il existe plusieurs façons de calculer le coût des travaux pour un appartement en location, mais voici un exemple de méthode :

1. Établir une liste détaillée des travaux à effectuer, en incluant les matériaux et la main-d'œuvre nécessaire pour chaque tâche.
2. Obtenir des devis pour chaque élément de la liste des travaux auprès de différents fournisseurs et entrepreneurs. Demandez plusieurs devis pour chaque poste.
3. Ajouter tous les coûts de la liste des travaux pour obtenir un coût total brut.
4. Ajouter un coût supplémentaire pour "imprévus" d'environ 20 %.
5. Utilisez ce montant pour le calculer dans le ratio de rendement locatif.

Il est important de noter qu'il peut y avoir des incertitudes ou des variations de coûts imprévus. Il est donc important de prévoir un budget supplémentaire pour couvrir ces éventualités.

Modèle de lettre pour donner congé à votre locataire

Coordonnées du bailleur :
Nom et prénom
Adresse complète

                                        Coordonnées du locataire :
                                                     Nom et prénom
                                              Adresse du logement loué

Objet : congé pour motif légitime et sérieux

À [ville], le [date du jour]

Madame, Monsieur (à préciser),

       Vous êtes locataire de mon logement situé au [adresse complète du bien loué] en vertu du bail qui nous lie depuis le [date d'effet du bail]. Ce contrat de location arrivant à échéance le [date de fin de bail], j'ai le regret, par la présente, de vous donner congé pour cette date. Conformément à l'article 15-I de la loi 89-462 du 6 juillet 1989, je vous précise que ce congé est donné pour le motif légitime et sérieux suivant : [précision du motif exact].

En conséquence, vous devrez libérer les lieux au plus tard le [date de fin de bail], date à laquelle vous serez déchu de tout droit d'occupation du logement.

       En fonction de la date effective de votre déménagement, nous conviendrons d'un rendez-vous pour l'établissement de l'état des lieux de sortie et la restitution des clés en votre possession.

(Dans le cas où le locataire est protégé en fonction de son âge et de ses revenus à la date d'échéance du bail) : toutefois, étant donné que vous êtes âgé(e) (ou que vous hébergez une personne âgée) de plus de 65 ans et que vous disposez de ressources annuelles inférieures au plafond en vigueur, je vous propose de vous reloger dans un logement situé au [adresse à proximité] correspondant à vos besoins et possibilités.

Je vous remercie de votre compréhension et vous prie d'agréer, Madame, Monsieur, l'expression de mes salutations distinguées.

[Signature]

Lettre recommandée avec avis de réception (ou lettre remise en main propre contre récépissé ou émargement).

Modèle de lettre pour mettre à l'ordre du jour, votre demande.

Nom-prénom du copropriétaire
Adresse
Code postal/ville

                                                Nom du syndic
                                                       Adresse
                                              Code postal/ville
                                    Fait à (ville), le (date)

Lettre recommandée avec accusé de réception
<u>Objet : inscription d'une question à l'ordre du jour de l'assemblée générale</u>

(Madame, Monsieur),

Copropriétaire du lot (indiquer le numéro du lot) de l'immeuble situé au (indiquer l'adresse complète de la copropriété), j'atteste réception de la convocation à la prochaine assemblée générale de copropriété programmée au (indiquer la date de l'assemblée générale).

Dans ce contexte, et conformément aux dispositions prévues par l'article 10 du décret n°67-223 du 17 mars 1967, je souhaiterais que soi(en)t inscrite(s) à l'ordre du jour de cette prochaine assemblée générale des copropriétaires la/les question(s) suivante(s) :

1. Résolution n°1 : (préciser la question à aborder lors de l'assemblée générale des copropriétaires).
2. Résolution n°2 : (préciser la question à aborder lors de l'assemblée générale des copropriétaires).
3. (Etc.)

Je vous serais par ailleurs reconnaissant de bien vouloir m'indiquer par retour de courrier avoir bien pris connaissance de cette demande d'inscription d'une question à l'ordre du jour de l'assemblée générale, et de me communiquer la réponse qui y aura été apportée.

Dans l'attente de vous lire,

Veuillez agréer, (Madame, Monsieur), l'expression de mes sentiments les meilleurs.

Signature

www.ingramcontent.com/pod-product-compliance
Lightning Source LLC
Chambersburg PA
CBHW050011230526
45465CB00003BB/1363